LES RASCALS

ERNEST CAPENDU.

LES RASCALS

1

PARIS
ALEXANDRE CADOT, EDITEUR,
37, RUE SERPENTE.
1860

I

Portsmouth.

Parmi les ports de la Grande-Bretagne, Portsmouth, par son admirable position géographique qui domine l'une des rades les plus vastes et les plus sûres de l'Europe, par ses arsenaux immenses, ses fortifications puissantes, ses docks, ses magasins, ses machines à poulies, tous ces merveilleux engins qui lui permettent de réparer, de construire et d'équiper facilement et promptement une flotte entière, Portsmouth, disons-nous, a presque de tous temps tenu la première place.

A l'époque des guerres du premier empire, plus de cinq mille ouvriers travaillaient en permanence dans ses énormes chantiers.

Aussi, une agitation perpétuelle régnait-elle à la fois dans son port, dans sa rade et dans ses bassins.

Inutile de dire que port, rade et bassins étaient encombrés de navires dont l'entrée et la sortie formaient un va-et-vient journalier.

Dès les premières années de la guerre avec la France, le gouvernement anglais avait fait établir à Portsmouth, dans l'espèce de lac qui y aboutit et qui se trouvait partagé en trois bras par d'énormes masses de vase, les pontons destinés à recevoir les prisonniers, pontons dont le nombre toujours croissant avait fini par atteindre celui de neuf, vers la fin de l'année 1808.

Ces pontons, retenus par leurs amarres, présentaient, au milieu des flots vaseux qui battaient leurs flancs, l'immobilité d'édifices de pierre.

Ancrés à la file les uns des autres, ils se surveillaient mutuellement, quoique séparés par des distances qui ne pouvaient permettre aux prisonniers de communiquer entre eux ni par la voix, ni par le geste.

Ainsi rangées régulièrement, ces sombres prisons flottantes ressemblaient à de noirs mausolées sortis du sein d'une mer putride par la puissance de quelque génie infernal.

La nuit surtout, lorsque quelques feux isolés brillaient seuls à l'arrière des navires mutilés dont la masse projetait une ombre épaisse sur la mer, lorsque les mantelets abaissés sur les sabords étouffaient jusqu'au plus léger bruit causé par les prisonniers, lorsque la triste silhouette des sentinelles passant devant les feux dont nous avons parlé se détachait çà et là sur la galerie extérieure, et que, dans le silence de la nuit, retentissait le lugubre. « All is well! » (Tout va bien !) des soldats anglais, il était impossible de contempler ces prisons maritimes, où souffraient tant de malheureux innocents, sans se sentir la poitrine oppressée et le cœur tristement serré.

Tel était du moins l'effet que, le 12 décembre 1808, paraissait produire ce désolant spectacle sur un individu qui, placé sur la rive gauche de la baie, presque en face du fort Forton, sombre prison où l'on enfermait alors les Français condamnés à mort, semblait examiner avec une attention profonde la longue enfilade que lui présentait le triste coup d'œil de la ligne des pontons.

Il fallait que cet homme fût bien absorbé dans sa contemplation, car, depuis une heure environ, qu'il se tenait assis sur une charpente renversée, il n'avait ni changé de position, ni laissé échapper un seul geste.

La nuit étendant son manteau sur la rade et sur le port, enveloppait d'un épais brouillard l'endroit que l'inconnu paraissait avoir choisi pour son observatoire.

De grands nuages gris, courant sous l'impulsion d'une forte brise du nord, interposaient leur opacité entre la terre et les pâles rayons d'une lune à son déclin.

L'obscurité était tellement épaisse que l'on ne distinguait qu'avec peine les objets les plus rapprochés.

Au reste, cette circonstance, loin de paraître contrarier notre singulier personnage, semblait au contraire lui être des plus agréables.

La main droite armée d'une petite lorgnette de nuit, maintenue obstinément à la hauteur de l'œil, il interrogeait l'horizon dans la direction des pontons et dans celle de l'île de Wight, avec une patience et une continuité à travers lesquelles on devinait une anxiété profonde.

Tout à coup une lueur faible jaillit au loin sur la mer.

Cette lueur devait être causée par l'embrasement d'une petite pièce d'artifice, car elle disparut presque aussitôt, et une gerbe d'étincelles, lancée subitement, retomba en pluie de feu sur les eaux noires et tranquilles.

A la vue de cette espèce de signal, l'homme à la lorgnette poussa une exclamation joyeuse, et, se dressant sur ses jambes, il se porta en avant, entraîné par un mouvement involontaire.

Quelques minutes après, un second feu brilla à l'endroit même où s'était éteint le premier.

Puis, à ce second feu succédèrent un troisième et un quatrième, toujours séparés l'un de l'autre par un égal intervalle de temps.

Bien évidemment ces lueurs successives avaient une grave signification pour notre patient observateur, car, depuis l'apparition de la première, un mouvement fébrile agitait tout son être.

Après l'extinction du quatrième feu, il demeura toujours immobile, sans que sa lorgnette changeât de direction.

Enfin, un quart d'heure entier s'écoula sans que l'obscurité de l'horizon fût troublée de nouveau, et minuit sonna à l'église Saint-Thomas de Canterbury.

L'inconnu remit alors sa courte longue-vue dans la poche de son pantalon, et se décida enfin à quitter le poste qu'il occupait depuis plus d'une heure et demie.

Le mouvement qu'il avait fait, en se levant, avait décelé sa taille élevée et sa structure herculéenne.

En examinant l'ensemble de sa personne, on pouvait deviner facilement que cet homme était dans toute la force de l'âge et doué d'une constitution robuste.

Il portait un pantalon de gros drap, une chemise de laine et une sorte de casaque à capuchon, costume ordinaire des marins anglais.

Sa tête s'abritait sous une toque de laine brune ornée au sommet d'une houppe bleue, laquelle toque descendait sur le front presque jusqu'aux yeux et cachait ainsi une partie du visage.

D'énormes favoris roux flottants envahissaient les joues, tandis qu'une blessure, récente probablement, exigeait l'emploi d'un gigantesque emplâtre sous lequel disparaissaient entièrement le nez et l'œil gauche.

Grâce à la toque, aux favoris et à l'emplâtre, le signalement de l'inconnu paraissait être difficile à prendre, et l'on n'aurait guère pu que constater la forme nettement accusée du menton et l'ardeur singulière qui paraissait animer l'unique œil bleu qui brillait sous un épais sourcil.

Après avoir quitté la place qu'il avait occupée si longtemps, le mystérieux individu renouvela soigneusement sa chique ; puis, lançant autour de lui un regard investigateur, il prit la route de Portsmouth.

Arrivé à quelque distance de la ville, dans un endroit de la côte où la mer avait creusé une petite anse, il s'arrêta de nouveau.

Le lieu était complètement désert.

Après s'en être minutieusement assuré, l'inconnu s'approcha de la rive, s'agenouilla sur le sable humide, et, mettant sa bouche presque au niveau de l'eau, il imita deux fois le cri aigu de la chouette.

Le même cri lui répondit après quelques secondes d'intervalle et ce cri sembla sortir de la mer.

L'inconnu se redressa et attendit.

Bientôt, sans qu'aucun bruit de rames se fût fait entendre, la forme allongée d'une étroite embarcation se dessina dans les ténèbres, tenant le cap droit vers l'homme qui demeurait immobile à la même place.

Cette embarcation ne contenait qu'un seul personnage.

Celui qui attendait ne donna pas le temps à l'autre de venir accoster, il entra dans la mer, rejoignit le canot et y prit place.

Alors chacun d'eux saisissant un aviron, fait à peu près comme la pagaie des sauvages, le frêle esquif gagna le large sans qu'aucune parole fût échangée.

C'était quelque chose d'étrange que cette embarcation.

Fine à faire croire qu'elle était taillée dans l'écorce d'un arbre, rase sur l'eau au point de laisser supposer que la plus légère secousse allait lui faire embarquer une lame, si peu profonde que chacun des deux personnages qu'elle contenait était obligé de se tenir assis les jambes allongées, elle filait avec une rapidité merveilleuse, et on devinait que sa légèreté était telle qu'un homme l'eût facilement portée sur son épaule.

Au reste, il était évident que le poids d'un enfant, ajouté à celui des deux marins, l'eût fait sombrer instantanément.

Les deux rameurs nageaient avec une précision et un ensemble merveilleux.

Ils enfonçaient dans la mer leurs rames courtes et flexibles avec une telle précaution que, non-seulement aucune goutte d'eau ne jaillissait chaque fois que l'aviron fendait l'onde et en ressortait humide, mais encore qu'aucun bruit ne résultait de la marche rapide de la barque qui se dirigeait droit sur les îlots de vase avoisinant les pontons.

Au moment d'aborder le premier de ces îlots, l'homme dont nous avons à peu près décrit l'extérieur se pencha vers son compagnon, lequel rapprocha doucement sa tête pour être mieux à portée d'entendre.

— Eh bien? lui demanda-t-il laconiquement à voix tellement basse qu'un canot passant à une courte distance n'eût certes pas plus entendu le bruit des paroles, qu'il n'eût pu apercevoir la légère embarcation, tant elle montrait peu son mince bordage. Eh bien?

— J'ai vu! répondit l'autre rameur sur le même ton et avec le même laconisme.

Un nouveau silence se fit pendant lequel la barque doubla la pointe de l'îlot et se dirigea vers le second.

— Et toi? reprit alors le second personnage.

— Moi aussi.

— Les feux au-delà de Gosport?

— Oui.

— J'en ai compté quatre.

— Moi de même.

— Alors, ce sera dans quatre jours?

— Oui.

Les deux hommes, en proie à une émotion profonde, avaient cessé tout à coup de ramer.

La courte conversation qu'ils venaient de tenir avait eu lieu en excellent français.

Durant quelques instants, la chaloupe demeura stationnaire au milieu de la baie.

— Qu'as-tu donc, matelot? demanda subitement le premier des deux interlocuteurs sortant brusquement de la rêverie profonde qui paraissait l'absorber. Tu ne rames plus?

— Je pensais ! répondit l'autre avec une expression de douce mélancolie.

— A quoi ?

— A la Bretagne, au pays, à Marthe et à Surcouf!

— Oh! nous les reverrons bientôt, matelot.

— Oui, mais encore quatre jours de misère !

— Bah ! qu'est-ce que cela ! Ne voilà-t-il pas deux ans que nous pourrissons à bord de ces pontons maudits? Qu'est-ce que quatre jours quand l'espérance les éclaire? Penses-tu? Dans quatre jours la liberté, hein? La liberté ! c'est-à-dire la Bretagne, les amis, les amours et la vengeance!

Un quadruple éclair jaillit à la fois des yeux des deux marins.

— Tonnerre de Brest! murmura le second rameur, c'est-à-dire celui qui, placé à l'arrière de l'embarcation, était venu chercher son compagnon à terre. Je suis assez riche maintenant, grâce à mes parts de prise, pour équiper un corsaire; eh bien ! que le bon Dieu me permette seulement d'embrasser

Marthe d'abord, et puis après... on verra !

— Nageons toujours, car il est temps de retourner là-bas. Les camarades nous attendent.

— Nageons !

Les deux matelots reprirent leurs rames, et le léger esquif recommença à glisser rapidement sur le flot qui montait.

Bientôt il atteignit le second îlot de vase, séparé du premier par une longueur d'un demi-mille. Le canot aborda franchement.

Les deux hommes parurent chercher minutieusement durant quelques minutes, puis ils se rapprochèrent d'un pieu solidement enfoncé dans la vase, et dont la tête seule apparaissait indistinctement au-dessus de l'eau.

Celui des deux qui se tenait à l'avant plongea son bras dans la mer et en retira un bout de corde à l'extrémité duquel était attaché un sac volumineux

Ce sac, soigneusement garni de graisse, ne permettait pas à l'eau de pénétrer dans son intérieur, et il eût bien probablement surnagé sans le poids d'une grosse pierre fixée à la corde qui l'attachait.

Le sac, amené à bord, fut lestement ouvert, et les deux hommes en tirèrent successivement une bouteille de rhum, deux bouteilles d'huile, deux pantalons, deux gilets et deux chemises en laine jaunâtre, chacun de ces objets de toilette marqué d'un T et d'un O énormes; puis encore deux sacs vides plus petits que celui qui les contenait, mais tout aussi soigneusement enduits de matière graisseuse.

Sans mot dire, ils se déshabillèrent rapidement.

Chacun d'eux enleva une perruque qui lui couvrait le crâne: le premier détacha ses favoris épais et son gigantesque emplâtre; le second une barbe entière qui lui cachait la moitié du visage.

Cela fait, ils prirent les deux petits sacs, y enfouirent dans chaque le pantalon, le gilet et la chemise dont nous avons parlé, les fermèrent solidement, et chacun des deux mystérieux personnages se passa ensuite la corde du sien autour du cou.

Les objets dont ils s'étaient dépouillés furent serrés à leur tour dans le grand sac, puis la bouteille de rhum reçut successivement deux longues accolades et reprit également sa place première.

Le contenu d'une bouteille d'huile, fraternellement partagé, leur permit de s'enduire le corps, précaution prise probablement pour être à même d'affronter la fraîcheur de l'eau et pour en moins souffrir.

L'autre bouteille fut remise dans le sac, qui, fermé hermétiquement, retomba doucement dans la mer et s'y enfonça sous l'action de la pierre qui le précipitait au fond.

Enfin une seconde corde, attachée de même au pieu et retirée de l'eau, amena à la surface trois autres pierres plus grosses que celle fixée aux sacs, et dont le poids devait être considérable, à en juger par les efforts que firent les deux hommes pour les attirer à eux.

La corde fut passée dans une ouverture pratiquée à l'avant de la barque, et les pierres furent placées à bord.

Alors l'embarcation s'enfonça à son tour comme l'avait fait le sac et disparut sous l'eau.

Les deux hommes, entièrement nus, s'attendaient à cet événement, car tous deux sautèrent en même temps sur le banc de vase, dans lequel ils enfoncèrent jusqu'au-dessus des genoux.

Ils jetèrent autour d'eux un regard investigateur.

« Tout est paré, dit le premier.

— Oui, répondit l'autre; je défie aux Anglais de découvrir notre canot et notre sac.

— Bien. Alors en avant; tu aborderas après moi, comme d'habitude. »

Ils s'élancèrent dans la mer.

Nageant avec une précaution égale à celle avec laquelle ils ramaient tout à l'heure, les deux hommes se dirigèrent vers le ponton amarré en face du second îlot.

Ce ponton était le *Britannia*.

Arrivé en vue de la sentinelle, qui se promenait sur la galerie extérieure au-dessous de la hanche de tribord, celui qui était en tête s'arrêta.

Il attendit que le soldat anglais, qui marchait en remontant la galerie de l'avant à l'arrière, eût accompli sa promenade.

Puis, au moment où celui-ci se retournait, le nageur plongea.

Il avait probablement une grande habitude de cette étrange manœuvre, car il accosta le ponton au-dessous de la galerie, au moment même où la sentinelle atteignait l'extrémité opposée.

Alors, s'élevant au-dessus de l'eau par un rapide effort, il tendit la main vers un trou pratiqué à hauteur de flottaison dans la muraille du navire.

En ce moment une autre main, partant de l'intérieur du ponton, saisit la sienne; le nageur se cramponna vigoureusement à ce moyen de salut auquel il paraissait s'attendre, et, faisant un nouvel effort, il engagea sa tête d'abord, ses épaules ensuite dans l'étroite ouverture, et parvint à y pénétrer tout entier.

Cinq minutes après, ce fut le tour de son compagnon, qui opéra la manœuvre identique, avec un égal bonheur.

Tout cela s'était fait si doucement et si hardiment que le soldat anglais n'eut pas le moindre soupçon de ce qui s'était passé.

A peine les deux premiers personnages eurent-ils pris pied dans le faux pont que le troisième, celui qui les avait aidés dans leur ascension, s'empressa de placer extérieurement d'abord, intérieurement ensuite, deux plaques de bois qui s'adaptèrent parfaitement à l'orifice de l'ouverture et la dissimulèrent adroitement.

Puis, se retournant vers ses compagnons : « Les avez-vous vus ? demanda-t-il.

— Pas encore, répondit l'un d'eux.

— Ainsi.... pas de nouvelles ?

— Si fait. Les feux ont brillé.

— Alors, c'est pour bientôt ?

— Dans quatre jours.

— Chut, donc, Gatifet ! Pas si haut ! murmura vivement celui qui avait abordé le premier le ponton. Es-tu fou ? Ne sais-tu pas qu'il ne faut jamais divulguer un secret ici, quand on se trouve dans l'obscurité, car il y a des oreilles invisibles qui flânent à droite et à gauche de tous les bords...

— Allons donc ! répondit le marin que l'on avait désigné sous ce nom de Gatifet, et qui n'était autre, en effet, que notre ancienne connaissance du Hasard et de la Confiance (1). Allons donc ! je ne croirai jamais, moi, qu'il se trouve sur les pontons un Français assez.... je ne sais quoi, assez infâme pour espionner ses compatriotes et les vendre aux Anglais !

(1) Voir *Marcof le Malouin*.

— Tu oublies qu'il y a à bord du *Britannia* des gens qui meurent de faim! dit le second des interlocuteurs. Le camarade a raison. Assez causé. D'ailleurs les amis nous attendent, venez.

Se glissant alors vers une ouverture pratiquée dans le plafond du faux pont et communiquant par conséquent avec la batterie dont elle trouait le plancher, tous trois gagnèrent lestement l'étage supérieur du navire.

II

Les pontons.

Avant d'aller plus loin, nous croyons utile de donner brièvement à nos lecteurs un aperçu de la situation réservée aux prisonniers français sur le sol de la Grande-Bretagne à l'époque vers laquelle nous faisons remonter notre récit.

Deux genres de martyres leur étaient infligés : les cautionnements et les pontons.

Les cautionnements étaient pour les officiers supérieurs ; les pontons pour les marins, les soldats, les sous-officiers et les officiers subalternes.

On donnait le nom de cautionnements à des petits villages situés dans l'intérieur des terres.

Les prisonniers internés dans ces villages donnaient leur parole d'honneur de ne pas chercher à fuir, moyennant quoi on leur accordait la faculté de se promener dans les limites d'une circonférence restreinte.

Au premier abord, la situation des officiers français paraissait donc identiquement la même que celle des Anglais détenus en France; mais cependant la différence était grande et toute en faveur de ces derniers.

Ainsi le gouvernement de l'empereur Napoléon Ier accordait aux prisonniers de guerre le droit de parcourir librement un rayons de six milles, de sortir de leur demeure à volonté, de découcher même si bon leur semblait, pourvu toutefois qu'ils ne franchissent pas les limites qui leur étaient tracées.

De plus, s'ils désiraient voir s'agrandir ces limites, une simple demande adressée sans formalité au commandant de la place, ou au chef de gendarmerie, leur permettait d'accomplir leur souhait.

Enfin les prisonniers anglais pouvaient, en France, assister à toutes les réunions soit privées, soit publiques : aux spectacles, aux concerts, aux bals, et partout on les recevait avec ce bienveillant empressement que nous savons toujours témoigner aux étrangers.

Mais, en Angleterre, on traitait autrement les prisonniers français.

Parqués dans de misérables habitations délabrées, que les Anglais leur cédaient à un prix tellement exorbitant, qu'une année de loyer équivalait au moins au prix de la maison elle-même, il ne leur était permis de quitter leur domicile qu'à partir de six heures du matin, et ils devaient y être rentrés au plus tard à six heures du soir.

Encore l'étendue du terrain assigné à leurs promenades se bornait-elle uniquement à la grand'route. Il leur était formellement interdit de s'écarter de la chaussée, d'entrer dans aucun champ, de pénétrer dans aucun chemin de traverse.

Le transport-board, pour mieux assurer l'exécution de ces règlements stupidement barbares, autorisait et même engageait tout habitant qui trouverait un Français en contravention, à lui courir sus comme à une bête féroce, à le terrasser, à s'en emparer enfin mort ou vif par quelque moyen que ce fût.

Une prime de une livre sterling, accordée à tout Anglais arrêtant ou dénonçant un projet d'évasion, récompensait le zèle et stimulait l'ardeur de ces agents de police improvisés.

Aussi, les guet-apens auxquels l'application de ces règlements donna lieu furent-ils innombrables.

Les paysans, dont les habitations environnaient les cautionnements, rendus féroces par l'appât de la prime promise, ne se bornaient pas à faire une garde attentive dans leurs champs et sur leurs routes.

Exploitant tantôt la curiosité, tantôt la bonté, tantôt la colère des promeneurs isolés, ils tendaient chaque jour des piéges pour attirer ces infortunés en dehors des limites prescrites, et les assaillaient alors à coups de fourches, à coups de serpes, à coups de bâtons.

Les Français, surpris et privés de tous

moyens de défense, succombaient promptement.

Alors les ignobles assassins prenaient le corps de leur victime, le rapportaient au cautionnement, déclaraient à l'office qu'ils avaient surpris un prisonnier en contravention, et la prime leur était aussitôt comptée sans plus ample renseignement.

Nous le répétons, rien n'était moins rare que ces atrocités.

Les Français mêmes, rendus insensibles par l'extrémité de leurs souffrances, étaient tellement habitués à de semblables catastrophes, qu'ils n'y prenaient pour ainsi dire plus garde.

Aussi, sans exagérer la vérité, en restant même en deçà de ses limites, pouvons-nous évaluer, d'après les données les plus sérieuses et les plus authentiques, d'après les renseignements les plus précis, à plus de trois mille le nombre des officiers supérieurs tués, blessés, assassinés durant les premières années de la mise en vigueur de cet abominable règlement.

L'espace nous manque ici pour citer tous les exemples de barbarie, que des documents d'une véracité incontestable mettent sous nos yeux.

Toujours est-il que chaque heure, chaque minute, chaque seconde, voyaient naître de nouvelles souffrances pour nos malheureux officiers.

Et cependant, en dépit de toutes ces horreurs, en dépit de la férocité des geôliers, en dépit des maux de toutes sortes, des privations de toutes espèces, des humiliations sans nombre, des tortures morales et physiques que l'on y subissait, le séjour des cautionnements, comparé à celui des pontons, était regardé comme supportable par les malheureuses créatures qui avaient subi l'un et l'autre.

Oh! c'est qu'aucun supplice connu ne peut donner une idée du martyre qu'enduraient nos compatriotes entassés à bord de ces geôles, dont le nom restera dans l'histoire de l'Angleterre comme une tache qui en souillera les pages.

Encore une fois, que le lecteur le sache bien, nous ne récriminons pas, nous constatons des faits entièrement véridiques, et nous sommes d'autant mieux en mesure de les constater, que la majorité des documents qui nous servent à écrire cette courte histoire nous ont été donnés par un officier français demeuré sept années consécutives au pouvoir des Anglais.

Cet officier, mort il y a quelques années seulement, avait servi dans la garde impériale et se nommait Victor B....

Le souvenir des tourments affreux qu'il avait subis était encore tellement présent à sa mémoire que bien souvent, en nous racontant ce qui va suivre, il s'arrêtait suffoqué par la colère, et qu'un jour en nous remettant une petite boîte en paille, objet de son travail dans ces lieux maudits, travail qui lui servait de gagne-pain, il ne put retenir les larmes que l'émotion des douleurs passées faisait couler sur sa mâle figure.

Les pontons, chacun le sait, sont de vieux navires démâtés employés comme prison.

A bord des pontons anglais les prisonniers occupaient la batterie basse et le faux pont, dont on avait retranché à chaque extrémité environ un quart d'étendue.

Ces deux espaces formaient chacun, à bord des plus grands navires, une étendue d'environ cent trente pieds de longueur sur quarante de largeur ; on y logeait de sept à huit cents prisonniers.

Le jour pénétrait dans la batterie par les sabords ouverts de deux l'un ; dans le faux pont par des hublots étroits.

Sabords et hublots étaient solidement garnis de grilles en fonte épaisses de deux pouces carrés, et à l'épreuve de la lime.

La clarté était si faible, qu'une épaisse obscurité régnait au milieu de chaque batterie ; et les courants d'air si peu actifs, qu'une infecte et épouvantable atmosphère oppressait constamment la poitrine des prisonniers.

La hauteur du faux pont, quoique insuffisante pour qu'un homme de taille ordinaire pût s'y tenir entièrement debout, recevait deux rangs superposés de hamacs, dont le premier touchait au plafond et dont le second rasait le plancher.

Le soir, sabords et hublots étaient fermés par des mantelets en madriers que l'on ouvrait à six heures du matin en été, et à huit heures en hiver.

Seulement, l'air intérieur se trouvait tellement vicié que les Anglais, en exécutant cette dernière opération, se reculaient vivement pour n'être point atteints par les émanations pernicieuses qui s'échappaient des prisons.

Pour combattre l'influence de cet air méphitique, qui engendrait constamment des épidémies contagieuses et mortelles, les malheureux Français étaient autorisés, de temps en temps, à monter sur le pont.

Or, on n'ignore pas que, sur le pont d'un vaisseau, il existe deux gaillards : celui de l'arrière et celui de l'avant, qui sont séparés par une rambade et par une grande ouverture qui laisse à découvert la partie de la batterie de dix-huit, appelée le carré de la drôme.

Ce carré et le gaillard d'avant, que les prisonniers avaient baptisé, avec leur ironique gaieté, du nom de parc, étaient les seuls endroits où ils pussent essayer de se promener.

Nous disons essayer ; car, si l'on veut bien réfléchir que le nombre des Français était de sept à huit cents, et que l'espace à parcourir en plein air était de quarante-quatre pieds de long sur à peu près trente-huit de large, on comprendra facilement que la promenade n'était pas aisée à accomplir. Enfin les cheminées des cuisines, qui passaient au gaillard d'avant, l'inondaient d'une fumée de charbon de terre épaisse et tellement nauséabonde, que la plupart du temps elle contraignait les Français à battre en retraite et à rentrer dans les batteries. Aussi une société de médecine de Londres, consultée sur l'insalubrité des pontons, n'avait-elle pas hésité à répondre que les créatures dont la constitution serait assez robuste pour supporter cinq ans le régime de ces prisons, ne pourraient plus espérer pour le reste de leur vie qu'une santé languissante.

Et c'étaient des hommes qui n'avaient commis d'autre crime que celui de combattre bravement les ennemis de leur pays, qu'une nation rivale ne rougissait pas de livrer à une mort presque certaine !

Nous le demandons aux plus indulgents appréciateurs des haines nationales, quel nom donner à d'aussi atroces procédés ?

Autour du navire, à deux pieds et demi au-dessus de la mer, régnait une galerie dont le fond était à claire-voie, afin qu'il fut impossible de passer au-dessous sans être aperçu par les sentinelles.

Ces sentinelles, au nombre de quatre

pendant le jour, étaient au nombre de sept pendant la nuit.

A six heures du soir en été, à deux heures de l'après-midi en hiver, les Anglais venaient, armés de barres de fer, frapper toutes les grilles et sonder tous les murs des pontons.

Une heure après cet examen, des soldats, le fusil chargé et la baïonnette au bout, se rendaient successivement dans chaque batterie et faisaient monter tous les prisonniers sur le pont.

Alors, en présence du lieutenant commandant, on procédait au « comptage, » afin de s'assurer qu'aucune évasion n'avait eu lieu.

Nous dirons plus tard comment les prisonniers s'y prenaient pour rendre cette précaution inutile, lorsqu'ils avaient à protéger la fuite de quelqu'un des leurs.

Enfin, suprême mesure de sûreté et de répression, les deux extrémités du ponton étaient occupées par les Anglais.

L'arrière était spécialement réservé au commandant, à ses officiers, à leurs domestiques et à quelques soldats.

L'avant ne contenait que des troupes.

Une forte séparation, faite au moyen de

planches très-solides et très-épaisses, existait dans chaque batterie, entre les logements des Anglais et celui des captifs.

Cette cloison garnie d'une grande quantité de clous à têtes larges, serrés les uns contre les autres; était percée de nombreuses meurtrières qui, en cas de révolte, eussent permis aux soldats de fusiller à bout portant les prisonniers.

Quant à l'ameublement du ponton, il se composait uniquement d'un banc placé le long des murailles et de quatre autres formant la croix au centre.

Chaque prisonnier, à son arrivée à bord, était brutalement dépouillé de ses habits.

Sous prétexte de mesure sanitaire, on faisait prendre, surtout en plein hiver, un bain d'eau glacée à la victime.

Puis on vêtissait le malheureux d'une chemise, d'un pantalon et d'un gilet de couleur jaune orange.

Chacune de ces pièces était timbrée en noir d'un T et d'un O d'une dimension colossale : ces lettres représentaient les initiales du « Transport-Office. »

Enfin on donnait encore au prisonnier un mauvais hamac, une mince couverture de laine et un matelas de bourre pesant au plus deux à trois livres.

Inutile d'ajouter que, quand un nouveau venu se trouvait être un officier n'ayant pas droit au cautionnement, c'est-à-dire n'étant pas officier supérieur, les Anglais ne tenaient aucun compte de son grade, et le traitaient comme un simple matelot.

L'égalité de la souffrance recevait rigoureusement son application à bord de ces horribles prisons.

Quant à la nourriture, elle était loin d'être suffisante : chaque homme ne recevait que ce qui lui était strictement et absolument nécessaire pour ne pas mourir de faim.

La ration se composait d'une livre et demie de pain noir, d'une demi-livre de viande et de trois onces de gruau, quelquefois échangée contre une demi-livre de légumes verts.

Les jours de maigre, on distribuait, outre le pain, une livre de hareng saur ou de morue sèche et une livre de pommes de terre.

Notons ici que la livre anglaise ne se compose que de quatorze onces.

Encore les fournisseurs, certains de l'impunité, ne se faisaient-ils pas faute de rogner fortement chaque ration, et le pain était parfois d'une qualité si mauvaise que les prisonniers, malgré les tourments de la faim, étaient obligés de le refuser.

Ajoutons qu'à la moindre faute commise, on punissait le pauvre Français en lui retenant, et cela durant plusieurs jours, un tiers et souvent deux tiers de sa ration.

Alors, suivant une coutume établie entre ces malheureux, on faisait une retenue égale sur toutes les rations pour parfaire celles des camarades menacés de succomber d'inanition.

L'eau était apportée de terre par de petits bâtiments qui venaient se ranger près du ponton.

Les prisonniers hissaient et rangeaient eux-mêmes les barriques.

Comme on le pense, l'argent était rare à bord des pontons, et la misère était si grande qu'un prisonnier s'estimait heureux s'il parvenait à gagner cinq à six sous par jour.

Officiers, soldats, tous s'ingéniaient pour travailler le plus lucrativement possible, car un salaire, quelque minime qu'il fût, permettait d'augmenter la ration et de la rendre supportable.

Les uns sculptaient l'os, à défaut d'ivoier,

et faisaient des petits vaisseaux, des jeux d'échecs, des dés, des joyaux de toutes sortes.

Les uns tissaient des cheveux pour en faire des bracelets, des colliers, des chaînes.

D'autres fabriquaient des dessins en paille sur des nécessaires en bois et des boîtes de toutes espèces.

D'autres encore se livraient à l'industrie des bretelles, des bourses, des chaussons, des chapeaux de paille, etc., etc.

Chaque jour une nuée de marchands, que les matelots nommaient les bazardeurs, s'abattait sur chaque ponton, et venait exploiter les talents, la patience et la misère des travailleurs.

Ceux qui manquaient d'argent pour acquérir les premiers éléments d'un travail quelconque, ou ceux dont une maladie récente avait vidé le sac jusqu'au dernier sou, ceux-là arrêtaient les marchands et leur vendaient leurs effets, leur couverture, jusqu'à leur hamac.

Le marché était vite conclu, et le pauvre prisonnier, dépouillé, grelottant et volé, car les bazardeurs n'achetaient qu'à vil prix, s'empressait d'appeler un autre industriel, ambulant aussi, le « marchand de ratatouille, » et échangeait contre un peu de nourriture le produit de sa vente.

Puis dénué de tout, il allait se joindre à d'autres misérables qui avaient subi le même sort, et qui composaient le quartier des Rafalés. Ce quartier était situé à l'avant de la batterie.

Là, la misère était ignoble à contempler.

Privés de l'absolu nécessaire, les rafalés en étaient réduits, pour se réchauffer un peu et pour ne pas succomber au froid, à se coucher serrés les uns contre les autres sur le plancher de la batterie.

Ils s'étendaient tous sur le même côté, et, quand celui qui se trouvait placé en tête du rang était fatigué de sa position, il se contentait de crier : « Pare à virer ! » et tous se retournaient à son commandement.

Dans les moments pressants, lorsque l'argent devenait d'une nécessité absolue soit pour acheter un peu de tabac après une longue privation, soit pour louer pendant une heure un morceau de couverture qui lui permît, par les fortes gelées, d'abriter sa nudité contre les intempéries de l'air au moment du comptage sur le pont, le rafalé engageait, c'est-à-dire vendait sa ration du lendemain, celle même du surlendemain, pour acquérir les quelques sous désirés.

Les fournisseurs rachetaient au prix de deux sous chaque ration entière.

Aussi, rien n'était-il moins rare que de voir parmi ces hommes de pauvres misérables qui, par suite de ces hypothèques données sur leur nourriture, demeuraient vingt-quatre, quarante-huit et souvent soixante-douze heures consécutives sans toucher au moindre aliment.

Au reste, les rafalés n'étaient pas les seuls qui s'imposassent de semblables privations.

Si l'on réfléchit que les marchands anglais vendaient une feuille de papier dix sous, une plume deux sous, quelques gouttes d'encre trois sous, on comprendra quelles souffrances devait supporter le malheureux prisonnier qui, pour donner de ses nouvelles à sa famille, se voyait contraint à amasser cette somme exorbitante de quinze sous aux dépens des besoins de son estomac.

Quatre lettres dans une année revenaient à trente journées de diète absolue.

Aussi apercevait-on souvent errer comme des âmes en peine, dans les coins les plus reculés des batteries, de pauvres misérables aux traits amaigris, à la figure hâve, aux yeux stupides, aux regards fixes, cherchant avec soin sous les bancs, dans les angles, et se précipitant avec avidité sur les immondices et les rebuts jetés par les autres prisonniers.

Les affamés ne reculaient ni devant les pelures crues des pommes de terre, ni devant les feuilles des poireaux.

« Quant aux trognons de choux et aux têtes de hareng, dit un témoin oculaire, c'était pour eux de magnifiques trouvailles. »

Il n'y avait pas d'infirmerie à bord des pontons.

Les malades, et Dieu sait s'ils étaient nombreux, étaient transportés sur un navire spécialement consacré à l'emploi d'hôpital.

Cet hôpital était sous les ordres des médecins anglais auxquels, fort heureusement pour les prisonniers, on avait adjoint des aides-chirurgiens français faits prisonniers eux-mêmes.

« Il serait difficile de se faire une idée de la façon barbare dont les Français étaient traités à bord de cet hôpital, écrit un autre témoin détenu longtemps sur les pontons de Portsmouth, et qu'une douloureuse maladie avait fait transporter sur le Pégase, le vaisseau-hôpital de cette ville; ce souvenir excite encore ma colère.

« Je ne citerai, pour ne pas révolter la conscience publique, car il y a des cruautés que la plume se refuse à tracer, qu'un seul fait entre mille de même nature qui se passa sous mes yeux.

« Un jour, pendant la visite, un jeune chirurgien français s'adressant au médecin anglais, lui demanda de vouloir bien faire donner du vin à l'un de ses camarades, aspirant de marine, horriblement affaibli par la maladie, afin de lui rendre un peu de force.

« — Êtes-vous fou, animal, lui répondit brusquement l'Anglais, pour oser me faire une semblable demande? Redonner des forces à ses ennemis ! Allons donc, vous déraisonnez ! »

« Je suis, quant à moi, intimement persuadé que pas un seul d'entre nous n'eût échappé à la mort, si nous eussions été seulement traités par les médecins anglais, et je ne ferai aucune difficulté pour avouer que je crois, en mon âme et conscience, que le transport-office et les médecins étaient tacitement d'accord pour faire mourir le plus grand nombre possible de Français.

« Si je me trompe en émettant cette opinion, Dieu m'est témoin que mon erreur est celle d'un honnête homme qui dit loyalement ce qu'il pense, et que la passion n'entre pour rien dans mon jugement.

« Heureusement les chirurgiens français parvenaient à apporter quelque soulagement à nos maux.

« Je dois citer parmi ces derniers, avec reconnaissance, M. Daneret, qui habite à présent Nogent-le-Rotrou. »

Les Français qui ne succombaient pas à la maladie, une fois entrés en convalescence, étaient soumis à une diète rigoureuse, laquelle diète les affaiblissait et les épuisait au point qu'ils ne tardaient pas à mourir d'atonie.

Mais malheur au prisonnier qui possédait quelque joyau de prix : il devenait la proie des infirmiers.

Pour s'approprier l'objet de leurs désirs, soit une bague, soit une montre, soit une chaîne, les Anglais ne reculaient pas devant un crime ignoble.

Le malheureux malade, pourvu qu'il perdît connaissance, était arraché la nuit de son lit et porté dans la cabane aux morts par les infirmiers qui voulaient s'approprier ses dépouilles.

« Ce fait, de porter un vivant dans la cabane aux morts pour pouvoir le dévaliser à l'aise, se passait tous les jours. Ce n'était pas permis, mais c'était toléré, » dit encore le témoin oculaire dont nous avons cité plus haut les paroles.

Ainsi, tandis que dans les cautionnements les paysans assassinaient les Français pour gagner une prime, à bord des pontons, les médecins anglais et les infirmiers, méconnaissant leurs devoirs, commettaient les mêmes crimes, mus à peu près par les mêmes mobiles.

Oh! c'était sur le seuil de l'Angleterre qu'il eût fallu écrire à cette époque les fatales paroles placées par le Dante à la porte de son Enfer.

« Vous qui entrez, abandonnez toute espérance! »

Et maintenant, que nous pensons avoir

donné une esquisse suffisante des lieux maudits où nous conduisons le lecteur, reprenons notre récit et revenons aux trois personnages que nous avons laissés pénétrant dans la batterie.

Les mantelets des sabords étant soigneusement fermés, les ténèbres les plus épaisses régnaient dans la batterie.

Les trois hommes se dirigèrent donc à tâtons au milieu des rangs de hamacs superposés qui encombraient l'étroit espace.

Le bruit formidable, causé par la respiration des dormeurs, empêchait qu'on pût distinguer celui de leurs pas.

Arrivés dans un angle de la batterie, les deux nageurs revêtirent à la hâte l'uniforme des prisons qu'ils avaient rapporté dans leurs sacs.

Puis celui qui leur servait de guide les prit tous deux par la main et les conduisit à l'arrière du navire.

Là s'élevait, depuis le plancher jusqu'au plafond, une sorte de tente ou plutôt de bâtiment en toile qui formait une pièce séparée.

C'était le séjour de ceux que l'on nommait plaisamment, à bord des pontons, les académiciens.

La classe des académiciens se composait des officiers de marine, des savants, des dessinateurs, des peintres, de tous ceux enfin qui cherchaient à combattre la misère de leur condition présente par les charmes d'un travail intellectuel qui, s'il n'apportait aucun adoucissement physique à leurs maux, donnait au moins à l'âme quelques heures d'oubli.

Les académiciens étaient, sans contredit, les plus pauvres parmi les prisonniers, et ceux peut-être cependant qui avaient le plus pressant besoin d'argent.

Ne leur fallait-il pas acheter journellement le papier, les plumes, l'encre, les crayons dont ils faisaient usage.

Mais, de toutes les choses qui leur étaient nécessaires, la plus difficile à acquérir, la plus dangereuse à employer, la plus indispensable cependant, était sans contredit la lumière.

Travailler pendant le jour, se livrer à la moindre application soutenue, cela était impossible grâce au bruit continuel causé par les autres prisonniers.

C'était la nuit seulement que l'on pouvait s'adonner aux études sérieuses.

Le luminaire devenait donc, ainsi que nous l'avons dit, la condition la plus indispensable.

Aussi, pour se procurer une lampe, les académiciens ne reculaient-ils pas devant la nécessité de s'imposer les plus pénibles sacrifices.

A dîner chacun d'eux était tenu d'extraire soigneusement, et en entier, toute la graisse que pouvait contenir sa portion de viande.

Cette graisse, soigneusement et intégralement déposée dans une grosse coquille d'huître, au milieu de laquelle on fichait un bout de mèche faite aux dépens d'une vieille chemise, composait la lampe désirée.

On l'appendait au-dessus d'une table sur laquelle rayonnait sa lueur tremblante.

Mais, une fois la lumière acquise, il s'agissait de la dissimuler aux yeux attentifs des geôliers.

C'était une chose formellement défendue à bord des pontons, et malheur à ceux que le sergent de ronde eût trouvés en contravention.

Trois jours passés dans un affreux cachot,

froid, infecte, privé d'air, situé au-dessous de la flottaison, et la suppression des deux tiers de la ration pendant ces soixante-douze mortelles heures, étaient les punitions réservées aux délinquants. Par surcroît de barbarie les Anglais détruisaient, en présence du prisonnier surpris et reconnu coupable, ses livres, ses plumes, ses papiers, ses crayons, ses ardoises, tous les objets enfin pouvant servir à son travail, et dont l'acquisition lui avait valu souvent de nombreux mois de privations et de souffrances.

C'était le raffinement de cruauté qui causait les plus poignantes appréhensions aux académiciens travaillant en fraude; car les Anglais, implacables, l'exerçaient sans miséricorde. Aussi, en outre de la toile renfermant le carré des travailleurs, ceux-ci avaient-ils soin de blinder les pourtours de leur sanctuaire à l'aide de leur matelas, de leurs couvertures, de leurs hamacs tendus, afin de dissimuler le moindre rayon lumineux qui eût pu être aperçu par les surveillants anglais, lesquels, à l'affût derrière les meurtrières, épiaient les actions des prisonniers.

Mais de cet hermétique calfeutrage résultaient souvent d'autres douleurs : le peu d'air régnant dans ces réduits clandestins, où travaillaient souvent vingt-cinq à trente hommes, vicié par les émanations de la fumée de la pipe et par celle de la respiration de trois à quatre cents dormeurs qui couchaient dans la batterie, dont les sabords étaient fermés la nuit, composait une telle atmosphère qu'il arrivait souvent à certains travailleurs de perdre complètement connaissance.

Parfois même, faute d'oxygène, la lampe s'éteignait.

Par un hasard peu commun tous ceux qui, à bord du *Britannia*, formaient le cénacle intellectuel, étaient enfants de la vieille terre bretonne.

Tous étaient marins ; tous étaient nés sur les côtes de l'Océan, de Paimbœuf à Saint-Malo, et quelques-uns portaient des noms devenus fameux dans les annales de nos guerres maritimes.

Lacousinnerie, Lioris, Kernac, trois hardis capitaines corsaires, les émules de Surcouf et de Dutertre, travaillaient là en compagnie de vingt-quatre autres marins, qui presque tous avaient servi sous leurs ordres.

Depuis dix-huit mois environ, la mauvaise chance avait obstinément accompagné les corsaires bretons dans leurs courses.

Mais ces hommes actifs, indomptables, entreprenants, n'avaient pas perdu la moindre somme de leur énergie et de leur audace depuis le jour où ils étaient tombés au pouvoir des Anglais.

Leur esprit s'était tendu vers un même but : la liberté ; et ils étaient certains de la conquérir tôt ou tard.

La confiance ne les abandonnait pas ; et cependant, depuis plus d'une année qu'ils se trouvaient réunis à bord des pontons, aucune occasion favorable ne s'était présentée.

C'était donc vers l'espèce de casemate qui renfermait ces hardis aventuriers, que se dirigeaient les deux hommes que nous avons présentés aux lecteurs au début de ce chapitre, conduits par celui qui les avait attendus à leur rentrée à bord du *Britannia*.

Le compagnon de Gatifet était le célèbre corsaire Ripeaut de Monteaudevert, capturé depuis seize mois par une frégate anglaise.

Quant à leur guide, c'était un enseigne

de vaisseau de la marine impériale qui se nommait Bléas.

Entr'ouvrant avec précaution le rideau qui servait de porte, l'enseigne fit passer devant lui les deux corsaires, et, pénétrant à son tour sur le carré, il referma l'ouverture.

« Messieurs, dit-il vivement en employant le dialecte breton, dans quatre jours nous serons libres! Surcouf tient sa parole. Peut-être est-il en ce moment à Gasport! »

Un frémissement subit fit dresser toutes les têtes !

Tous les fronts se colorèrent, et les regards interrogateurs se portèrent à la fois sur Ripeaut et sur Gatifet, dont aucun des assistants n'ignorait l'expédition nocturne.

III

La conspiration.

Lacousinnerie s'était levé, et marchant droit aux deux corsaires :

« Mes amis, leur dit-il d'une voix émue en leur tendant la main, avant tout je dois vous remercier en mon nom et en celui de ces messieurs. Il y a une demi-heure vous étiez libres, vous pouviez fuir, vous pouviez nous abandonner enfin, et vous êtes revenus. Voilà la douzième fois au moins depuis quinze jours que vous vous exposez tous deux aux mêmes dangers, et que vous revenez reprendre le collier de misère avec la même abnégation ; tout cela pour demeurer fidèles au serment qui nous lie : de reconquérir la liberté tous ensemble, ou de demeurer tous dans ces ignobles prisons. Vous êtes tous deux de vrais Bretons ; encore une fois merci ! »

Vingt-huit mains, tendues ensemble vers celles de Ripeaut et de Gatifet, accompagnèrent la péroraison du petit discours improvisé par Lacousinnerie.

La prudence enchaînait l'expression de reconnaissance qui brillait dans tous les yeux, et qui venait récompenser les deux hommes des périls sans nombre qu'ils avaient affrontés depuis deux semaines pour concourir à la cause commune, à la cause de la liberté.

« Nous nous attendrirons plus tard, dit vivement Ripeaut de Monteaudevert. Pour le moment, il s'agit de vous rendre compte de notre expédition de cette nuit. Vous saurez donc que ce soir, comme les soirs précédents, Gatifet et moi avons pu gagner la terre sans mauvaises rencontres. Établis chacun sur un point différent de la baie, nous avons été plus heureux que les autres fois. Quelques minutes avant minuit, nous avons aperçu ensemble les feux indiqués par Surcouf; et ces feux, au nombre de quatre successifs, vous annoncent, ainsi que l'a dit Bléas, que dans quatre jours nos amis seront prêts. Maintenant, si vous le voulez bien, nous allons convenir de ce que nous avons à faire nous-mêmes.

— Très-bien, répondit Lacousinnerie. Relisons donc la lettre de Surcouf que ces stupides Anglais n'ont pas su intercepter. C'est toi, Lioris, qui la possèdes, cette chère lettre.

— Oui, » dit le capitaine corsaire qui, saisissant une sorte de bonnet grec qu'il portait sur la tête, en arracha la doublure avec ses dents et en tira le précieux papier.

Tous les prisonniers s'agenouillèrent sur leurs bancs, et avancèrent la tête vers le centre de la table pour être mieux à même d'écouter.

Comment les surveillants anglais avaient-ils laissé passer cette lettre, dont la signature seule eût dû être pour eux un motif d'effroi s'ils l'eussent découverte, tant le nom de Surcouf était connu et redouté sur les côtes de la Grande-Bretagne? C'est ce que les prisonniers français eux-mêmes ignoraient absolument.

Un matin, un mois avant le jour où commence notre récit, Lacousinnerie, en brisant le morceau de pain qu'il venait de recevoir pour sa ration, avait trouvé à l'intérieur l'épître du célèbre corsaire.

Il avait bien remarqué que le distributeur de ration était accompagné ce jour-là d'un aide qu'il n'avait jamais vu jusqu'alors, et qu'il ne revit plus le lendemain ; que c'était cet aide qui lui avait remis son pain contrairement à l'usage ; mais c'était là tout, et depuis il n'avait pu rien découvrir.

Toujours est-il que la lettre lui était parvenue.

Après quelques secondes de silence, Lioris en commença la lecture.

« Mes amis, écrivait Surcouf, courage et patience, je suis là ! Si depuis deux ans je n'avais pas croisé sans relâche sur les côtes indiennes, vous seriez depuis longtemps hors des pontons anglais. Je n'ai appris votre captivité à tous qu'en mouillant à Saint-

Malo, et je suis en rade depuis deux jours.

« Maintenant, je le jure, je n'aurai plus ni repos ni trève jusqu'à l'instant où vous serez libres.

« Soyez calmes, mon plan est fait. Je veux non-seulement vous tirer des griffes des Anglais, mais je veux encore que votre évasion des pontons, et que mon passage sur le sol britannique soient marqués de façon à ce que nos ennemis s'en souviennent.

« Ils vous ont volé vos navires ; eh bien! je prétends, moi, que vous rapportiez d'Angleterre de quoi en armer de nouveaux.

« Encore une fois mon plan est fait.

« Inutile, mes vieux, que je vous l'explique. Vous vous en rapportez à moi, n'est-ce pas?

« Seulement, pour que la réussite soit complète, il faut que, de votre côté, vous suiviez à la lettre les instructions que je vous envoie.

« Si vous en négligez une seule, nous sommes flambés.

« Ces instructions, les voilà :

« Il doit y avoir, j'en suis sûr, quelque trou creusé dans la muraille de votre ponton. S'il n'y en a pas, creusez-en un sans tarder d'une minute.

« A partir du 27 novembre prochain, deux d'entre vous s'affaleront par ce trou et gagneront la côte, le côté gauche de la baie.

« Ils seront à terre à onze heures du soir, et ils y resteront jusqu'à minuit sans quitter du regard la mer dans la direction de Gasport et dans celle de l'île de Wight.

« Ces deux hommes, et qu'ils soient toujours les mêmes, afin que de nouveaux venus ne commettent point d'erreur par suite du manque d'habitude ; ces deux hommes reviendront régulièrement chaque soir jusqu'à celui où ils apercevront des feux produits par de légers artifices et se renouvelant à des distances exactement égales.

« Chaque feu indiquera un jour à s'écouler avant celui de votre évasion.

« Ainsi, si c'est un mardi que l'on aperçoit les feux et qu'il y en ait trois, votre fuite aura lieu le samedi ; s'il y en avait quatre, ce serait pour le dimanche, etc.

« C'est compris, n'est-ce pas? Passons à autre chose.

« Le lendemain soir de celui où les feux auront brillé, six d'entre vous, six seulement, pas un de moins, pas un de plus, s'enfuiront du ponton par le trou, et gagneront à la nage l'extrême pointe de Gasport qu'ils doubleront, et de l'autre côté de laquelle je les attendrai moi-même dans un canot.

« La distance est longue, je le sais, mais choisissez les six plus vigoureux d'entre vous ; car, ne pouvant emmener avec moi qu'un petit nombre de matelots, j'aurai absolument besoin de six hommes pour accomplir ce que je veux faire.

« Quant à ceux qui resteront à bord, à la nuit fixée par les feux, qu'ils s'affalent tranquillement à l'eau et qu'ils gagnent seulement le troisième îlot de vase, je me charge du reste.

« Chacune de ces deux expéditions aura lieu à minuit précis.

« Encore une fois, c'est compris, n'est-ce pas ?

« Donc, veillez ! Je veille ! patience et courage !

« Les Anglais ne s'attendent guère, ni vous non plus, au tour que je vais leur jouer. »

Lioris s'arrêta.

Le reste de la lettre contenait seulement quelques renseignements particuliers à leurs familles, que le corsaire malouin envoyait à ses principaux amis.

« Eh bien ! reprit Lacousinnerie, il s'agit maintenant de désigner ceux d'entre nous qui formeront l'escouade de six hommes que Surcouf demande, et qui devront partir la nuit prochaine.

— Voyons, dit le capitaine Karnac, il ne s'agit pas de trop présumer ses forces, ici. Le salut de tous en dépend. La distance à franchir à la nage est de près de trois lieues, et nous sommes plus ou moins exténués par l'affreux régime des pontons.

Qui est-ce qui répond de lui ?

— Moi ! dit Gatifet en s'avançant.

— Moi aussi ! ajouta Ripeaut de Monteaudevert.

— Et moi de même, dit l'énergique Bléas.

— Bon ! fit Lacousinnerie, en voici trois déjà. Ah ! si ma blessure était bien refermée, comme je me joindrais à vous ! Enfin... où sont les trois autres ? »

Personne ne répondit.

Les prisonniers se regardèrent mutuellement, et leurs traits amaigris, l'expression de dépérissement et de souffrance qui régnait sur leur physionomie, ne répondaient que trop bien à leurs regards interrogateurs.

« Eh bien ! camarades? demanda Lacousinnerie en pâlissant devant cette hésitation générale. Qui a de la force et du courage ?

— Du courage, tout le monde en a! répondit vivement Lioris.

— Mais de la force! ajouta d'une voix sombre un lieutenant de vaisseau. Demandez aux Anglais ce qu'ils ont fait des nôtres !

— Comment! s'écria Ripeaut avec violence, nous sommes trente hommes ici, et il ne s'en trouvera pas six pour faire le premier pas vers la liberté ?

— Ah! s'il ne s'agissait que de sa peau à soi! répondit brusquement Karnac avec un geste éloquent, est-ce qu'on hésiterait ! Mais c'est qu'en coulant, en restant en arrière, en retardant la nage des autres, on risque le salut commun!

— C'est bien cela qui nous retient, ajouta un autre prisonnier.

— Braves gens! murmura Lacousinnerie en considérant ces hommes qui ne craignaient la mort que dans la peur de compromettre la liberté de leurs compagnons.

— Pas un seul de nous n'est capable de faire seulement une lieue en mer ! dit tristement Lioris.

— Alors, il nous faut donc renoncer à notre projet? » demanda Bléas.

Une affreuse anxiété se reflétait sur tous les visages.

« Trois lieues! répétaient les prisonniers. Plus de trois heures de mer!

— Ah! dit Karnac, si nous avions seulement des planches pour nous soutenir et nous aider. »

Ripeaut et Gatifet échangèrent un regard, puis se rapprochèrent vivement l'un de l'autre.

« Eh bien ! s'écria Lioris, tant pis pour vous si j'y reste, mais je tenterai l'aventure.

— Et tu réussiras? dit Ripeaut de Monteaudevert en quittant Gatifet avec lequel il venait de causer rapidement à voix basse.

Puis s'adressant à tous les prisonniers :

« Mes amis, continua-t-il, pardonnez-nous, à ce matelot et à moi, d'avoir jusqu'ici hésité à vous confier un secret important; mais, vous le savez, la misère engendre la défiance, et nous avions peur d'une indiscrétion qui pouvait nous perdre tous. Voici ce dont il s'agit, car l'heure est venue de vous tout apprendre.

« La première fois que nous sommes allés à terre, nous sommes restés longtemps, bien longtemps, vous vous souvenez; car, au moment où nous revenions, vous alliez nous accuser d'avoir filé notre câble en vous abandonnant lâchement.

— Dame? fit Lioris, vous étiez demeurés absents près de sept heures !

— C'est que, reprit Ripeaut, la nuit était tellement noire et nos pauvres têtes étaient si faibles, qu'au lieu de gagner les îlots de vase pour nous y reposer un peu, ainsi que nous en avions l'intention, nous nous étions égarés en nageant.

« Bientôt une horrible pensée nous assaillit en même temps tous deux.

« Si, au lieu de gagner la terre, nous étions entrés dans le port !

« L'obscurité était si grande, que nous ne pouvions voir à une brasse devant nous.

« Entrer dans le port c'était tomber en plein au milieu des bâtiments anglais, nous faire prendre par les sentinelles, faire découvrir notre moyen d'évasion, redoubler pour quelque temps la surveillance de nos geôliers, faire échouer enfin la tentative de Surcouf, et briser d'un seul coup toutes vos espérances.

« Le désespoir commençait à nous rendre fous.

« Nous nagions toujours de conserve cependant; mais nos forces diminuaient rapidement : nous commencions à battre la mer de nos bras roidis, notre respiration était rauque; bref, nous allions couler, lorsque tout à coup je me heurtai le crâne contre les parois d'une barque de pêche que les ténèbres nous avaient empêchés de distinguer.

« La douleur et l'émotion causée par la surprise, achevèrent de m'épuiser... j'enfonçai!

« Déjà la vague me passait sur la tête; j'allais périr, lorsque mes mains crispées étreignirent l'amarre de la barque roidie heureusement par le reflux.

« Gatifet me saisit au même moment, et, cramponnés tous deux au câble, nous pûmes respirer librement.

« Gatifet se souleva au-dessus de l'eau, et

aperçut les feux du port à cinquante brasses en avant.

« Nous étions à deux lieues de la terre, c'est-à-dire de la partie de la baie que nous pouvions aborder sans danger et à la même distance des pontons.

« Nous nous crûmes positivement perdus.

« Enfin, péril pour péril, nous préférâmes l'inconnu au connu, et nous grimpâmes résolûment à bord de la barque de pêche.

« Par un hasard providentiel un seul homme s'y trouvait, et cet homme était tellement ivre qu'il dormait sur le pont d'un sommeil léthargique.

« Sans échanger une parole, nous sautâmes sur l'Anglais que nous commençâmes par bâillonner solidement à l'aide de sa cravate, puis nous le déshabillâmes complètement pour nous emparer de ses effets.

« Ensuite nous nous mîmes à explorer l'intérieur du bateau.

« A l'arrière nous trouvâmes d'autres vêtements que nous prîmes encore, et, dans un grand coffre, je découvris une petite lorgnette de nuit, deux bouteilles de rhum et six bouteilles d'huile de baleine.

« Cet événement équivalait pour nous à la découverte d'un trésor.

« Une fois à terre les vêtements, joints aux perruques et aux barbes que nous avions fabriquées ici, devaient nous déguiser à merveille ; le rhum nous réconforterait, et l'huile nous servirait à nous enduire le corps pour mieux supporter le froid de la mer.

« Un grand sac goudronné que trouva Gatifet, et que nous graissâmes le mieux possible, contint le tout.

« Déjà nous allions nous remettre à l'eau, quitte à braver de nouvelles fatigues, lorsque Gatifet heurta du pied une longue caisse en bois de sapin placée au pied du grand mât, et que nous n'avions pas encore vue.

« Que peut-il y avoir là-dedans? dis-je en essayant de soulever en vain le couvercle cloué.

— Des armes, peut-être, répondit Gatifet.

— Ou des vivres, » ajoutai-je.

« Cette double pensée nous fit battre le cœur.

« Des armes ! des moyens d'attaque et de défense !

« Des vivres ! c'est-à-dire l'abondance dans la famine !

« Les unes ou les autres nous étaient également nécessaires.

« Gatifet prit une pince et fit une pesée sur la caisse dont le couvercle éclata.

« Nous nous penchâmes avidement pour mieux voir, et un cri de joie jaillit de nos poitrines.

« Ce que nous avions devant nous c'était un canot.

— Un canot! répétèrent les prisonniers qui suivaient le récit du corsaire avec une attention fébrile.

— Oui, un canot, continua le narrateur; mais un canot si fin, si léger, si bien taillé, qu'à nous deux nous pouvions facilement le mettre à la mer.

« Nous pensâmes, dans la suite, que cette petite embarcation, faite sur le modèle de celle des sauvages et armée, comme ces dernières, d'avirons en forme de palmes, avait été commandée pour contenter le caprice de quelque lord, et qu'elle lui était expédiée, soigneusement emballée, par son habile constructeur.

« Enfin, notre moyen de salut était assuré et le ciel nous rendait la vie.

« Une fois l'embarcation mise à l'eau,

nous nous y affalâmes doucement emportant avec nous notre sac, un bout de vergue et deux forts cordages.

« L'Anglais ronflait toujours.

« Nous gagnâmes rapidement la terre.

« Après avoir attendu vainement les feux, nous résolûmes, avant de revenir à bord des pontons, de cacher nos trésors de façon à ce qu'ils fussent à l'abri de toutes recherches, et, pour cela, nous ne trouvâmes rien de mieux que d'enfoncer notre vergue dans le second îlot de vase afin d'y amarrer le sac et le canot.

« Quatre voyages successifs à terre nous permirent de rapporter quatre grosses pierres.

« La première, attachée à la corde du sac, fit enfoncer sous l'eau l'une et l'autre.

« Puis ce fut le tour du canot qui disparut avec son lest.

« L'extrémité extérieure de la vergue fut cachée elle-même sous un lit de vase, et, bien convaincus que la mer garderait notre secret, que les Anglais ne pourraient rien découvrir, que nous seuls enfin, pourrions distinguer la place où reposaient nos précieuses trouvailles, nous regagnâmes le ponton.

« A chacune de nos expéditions suivantes, nous nous servîmes de notre embarcation.

« A tour de rôle l'un de nous demeurait à terre, et l'autre explorait l'horizon en s'avançant sur la mer.

« De cette manière nous ne veillions que mieux.

« Maintenant, mes amis, continua Ripeaut de Monteaudevert en changeant de ton, vous en savez autant que nous; vous connaissez notre secret. Nous pardonnez-vous d'avoir obéi à un sentiment de prudence en vous le cachant jusqu'ici?

— Pardieu! s'écria Lacousinnerie, nous voici sauvés!

— Combien ton embarcation peut-elle contenir d'hommes? demanda Karnac.

— Deux seulement.

— Eh bien! cela suffit.

— Sans doute, dit Monteaudevert. Demain nous prendrons le canot. Deux de nous six pourront se reposer tandis que les quatre autres nageront. De cette façon la fatigue de chacun sera abrégée d'un tiers, sans compter que la proximité d'une embarcation redonne toujours de la force aux plus faibles. Donc c'est arrêté et convenu.

— Oui, oui ! » dirent à voix basse les prisonniers, qui, dans la crainte que le bruit n'attirât l'attention des soldats, se contentèrent de faire entendre un murmure approbatif.

Lioris, Karnac et un maître d'équipage complétèrent alors les six hommes qui devaient, le lendemain, tenter la dangereuse expédition.

Les autres conjurés, au nombre de vingt-quatre, Lacousinnerie en tête, devaient, eux, rester à bord du ponton et attendre.

On était un lundi ; c'était donc le samedi suivant qu'aurait lieu l'évasion générale.

VI

André.

Tout était décidé, et chacun allait regagner son hamac, lorsque Lacousinnerie fit un geste qui retint les prisonniers.

« Encore un mot, dit-il ; il faut prévoir toutes les circonstances et surtout les mauvaises. Un faux mouvement, la chute de l'un de nous, un cri de douleur, un instant de folie peuvent, samedi, donner l'éveil aux Anglais. Vingt-quatre hommes ne fuient pas aussi facilement que deux ou même que six. Or, si les Anglais nous surprennent et nous poursuivent, quelque aide que nous prête Surcouf, il peut se faire, et il se ferait incontestablement, que plusieurs des fugitifs, séparés des autres, se trouveraient livrés à eux-mêmes. Quelques-uns gagneront la terre, et ceux-là pourront, soit attendre la protection de leurs camarades, soit se sauver seuls. Mais abandonnés, privés de tout, comment pourront-ils protéger leur propre sécurité ? A ceux-là il faut de l'argent, et comme nous ignorons qui ils seront, chacun de nous doit en avoir. Croyez-moi, mes amis, ne livrons point au hasard la liberté de l'un de nous.

— C'est vrai ! murmurèrent les prisonniers avec consternation, car s'ils reconnaissaient la justesse de l'observation du capitaine corsaire, ils frémissaient à la pensée que peu d'entre eux possédaient quelques sous.

— Voyons, André, reprit Lacousinnerie en s'adressant à un homme qui, tout en prêtant une attention soutenue à ce qui venait de se passer, n'avait ni fait un geste, ni prononcé une parole, voyons, André, deux fois déjà tu m'as obligé de ta bourse; réponds, mon ami : as-tu quelque argent à prêter, au moment suprême, à tes frères en malheur ? »

André s'avança lentement.

C'était un homme de taille moyenne, âgé d'environ cinquante-cinq ans, et dont la physionomie, froide et sombre, avait l'impassibilité de la statue.

Aucun sentiment ne se reflétait sur ces traits accentués que l'on eût dit taillés dans un bloc de marbre jaune.

Deux grands yeux noirs, cachés sous une arcade sourcilière saillante, lançaient autour d'eux un regard terne et glacial.

Des plis, fortement accusés à la naissance du nez, décelaient, suivant le système de Lavater, une résolution énergique, tandis que le front, carré et bas, était l'indice d'un entêtement peu commun.

Et cependant, en dépit d'une expression peu sympathique, l'ensemble de sa figure offrait plutôt un caractère imposant qu'un aspect repoussant.

André, au reste, paraissait peu se soucier de l'opinion que l'on aurait pu avoir de lui.

Ne souriant jamais, ne parlant que rarement, il n'avait pas un ami intime à bord du *Britannia* depuis trois ans qu'il y séjournait.

Une passion profonde pour les sciences mathématiques l'avait conduit à faire partie des réunions nocturnes des académiciens.

Le jour, André travaillait à la fabrication des chapeaux de paille, bien que cette fabrication fût interdite à bord des pontons, dans la crainte qu'elle n'apportât une concurrence au commerce intérieur de l'Angleterre.

Le dernier académicien qui regagnait son hamac laissait André courbé sur ses livres et sur ses papiers ; le premier matelot qui se réveillait trouvait André au travail et confectionnant ses chapeaux.

Quand dormait-il ?

C'était un problème que personne encore n'avait pu résoudre.

Presque chaque jour André abandonnait sa ration à quelque pauvre prisonnier affamé.

On ne le voyait pas plus manger que dormir, et cependant sa santé paraissait être bonne.

Enfin l'existence de cet homme était tellement extraordinaire, que plusieurs matelots ressentaient en sa présence une crainte superstitieuse.

André n'avait fait aucune tentative pour faire partie du complot ; mais les conjurés ayant choisi le carré des académiciens pour lieu de réunion, et André ne quittant guère ce carré, il avait bien fallu lui confier le précieux secret.

On l'avait adroitement sondé d'abord, et Lacousinnerie avait reconnu en cet homme une âme puissamment trempée.

Puis André était Breton, et cette circonstance surtout avait décidé les prisonniers.

Au reste, depuis qu'il connaissait les projets d'évasion, André n'avait ni combattu un plan ni approuvé une idée émise.

Il écoutait et ne parlait pas. A la question du capitaine corsaire, André demeura quelques secondes sans répondre, puis, fouillant dans la poche de son gilet.

« Il me reste quatre livres, » dit-il lentement.

Et il déposa quatre pièces d'or sur la table.

A la vue de cette munificence (quatre livres étaient une véritable fortune à bord des pontons), les autres prisonniers se regardèrent avec stupéfaction.

« Ah çà ! cet André est un vrai capitaliste ! dit Lioris en souriant. Où diable trouves-tu tant d'argent, matelot ?

— Je fais des chapeaux de paille, répondit froidement André ; et comme je risque le cachot pour contenter mes marchands, ils me payent cher.

— C'est possible, dit Bléas, mais tu peux te vanter d'avoir une fière chance, car tu n'as jamais été pincé dans ton travail.

— C'est vrai ! fit André toujours impassible.

— N'importe ! dit Lacousinnerie, cet argent ne peut suffire !

— Combien donc faudrait-il, capitaine? demanda l'étrange personnage.

— Mais au moins une livre sterling par homme, et nous sommes vingt-quatre. Les six qui partiront demain n'auront besoin de rien.

— Comme çà, dit André, c'est vingt livres qui manquent?

— Oui.

— Eh bien, nous verrons !

— Comment? s'écria Lacousinnerie, est-ce que tu pourrais les avoir?

— Dam! je ne dis pas non. Il y a un de mes marchands qui est assez bon enfant, il me les prêtera peut-être.

— Prêter vingt livres à un prisonnier! dit Karnac en haussant les épaules. André est fou.

— Je ne crois pas, capitaine, répondit André avec une singulière expression. Vous en verrez la preuve.

— Ainsi, tu espères avoir cet argent? demanda encore Lacousinnerie avec un étonnement manifeste.

— Oui.

— Et quand l'aurais-tu?

— Dam! je le demanderai demain, je ne l'aurai guère qu'après-demain matin.

— A après-demain donc! Messieurs, il est temps, je crois, de gagner nos hamacs. »

Les prisonniers se séparèrent alors en se serrant les mains, et chacun d'eux alla porter sur sa maigre couche les rêves anxieux que faisait naître l'espoir de l'expédition projetée.

Au lieu de suivre ses camarades, André reprit sa place à la table de travail et parut bientôt complètement absorbé par la solution d'un problème.

Lacousinnerie, Ripeaut de Monteaudevert, Lioris et Gatifet étaient sortis les derniers.

Arrivé au centre de la batterie, Ripeaut se pencha vers Lacousinnerie.

« Un conseil, lui dit-il en s'approchant de son oreille. Fais surveiller André!

— Pourquoi? demanda Lacousinnerie.

— Je ne sais pas ; mais c'est de l'instinct! D'ailleurs cet homme a trop d'or pour un matelot. Enfin ! veille au grain et défie-toi!

— Sois tranquille, je veillerai ! »

Ripeaut pressa une dernière fois la main de son ami et s'éloigna.

Lacousinnerie, le front soucieux, se dirigea vers un hamac vide qui était le sien et qui se trouvait près de celui appartenant à André.

Il était environ trois heures du matin.

L'atmosphère qui régnait alors dans la batterie était tellement chargée de miasmes putrides et délétères, que la respiration embarrassée des dormeurs ressemblait à des plaintes et des gémissements.

Ce bruit sourd et continuel causé par le sommeil de près de quatre cents hommes avait merveilleusement servi à dissimuler le conciliabule des académiciens, qui, au reste, tenu en dialecte breton, eût été aussi incompréhensible pour les gardiens anglais que pour les prisonniers français qui eussent pu l'entendre.

Encore ceux-ci étaient-ils tellement habitués au travail des académiciens, qu'ils n'apportaient jamais aucune attention à ce qui se passait dans leur carré.

Aussi, grâce à ces diverses circonstances, jamais projet d'évasion n'avait-il été entouré d'autant de précautions mystérieuses et n'avait-il eu autant de chances de succès que celui auquel vient d'assister le lecteur.

Chacun des conjurés pouvait donc, à bon droit, espérer la réussite du plan arrêté, et tous attendaient l'événement avec une nerveuse impatience.

V

Gatifet.

Cette nuit-là bien peu parmi les conjurés purent goûter les bienfaits du sommeil.

Avant que l'heure réglementaire du réveil fût sonnée, ne pouvant tenir dans leurs hamacs, tant leur agitation était grande, ils erraient dans les angles de la batterie, encore plongée dans une obscurité profonde.

Un des premiers debout cependant fut Gatifet.

Le matelot n'avait pas fermé l'œil de la

nuit, et son front rêveur, ses sourcils contractés, la sueur qui perlait sur son visage attestaient la profonde préoccupation intérieure qui le dévorait.

Mais cette préoccupation ne semblait pas avoir pour unique base l'expédition qui allait avoir lieu.

Souvent un même nom, et ce nom était celui d'une femme, revenait sur les lèvres du Breton, et chaque fois ce nom était accompagné d'une expression différente de sa mâle physionomie bronzée aux rayons du soleil des tropiques.

Tantôt c'était un sentiment de joie qui éclairait son visage, tantôt un sentiment de douleur qui venait l'assombrir.

Tantôt un sourire d'amour entr'ouvrait ses lèvres épaisses, tantôt un regard de colère brillait dans ses yeux bleus, et toujours le même nom s'échappait de sa bouche.

Ce nom était celui de Marthe.

Ceux de nos lecteurs qui ont suivi avec quelque intérêt les deux premières parties de notre récit (le Hasard et la Confiance (1) se rappellent sans doute les doux rêves dont se

(1) Voir *Marcof le Malouin.*

berçait l'amoureux matelot en songeant à la filleule de madame Surcouf.

Quelques mois après l'heureuse et brillante croisière de la Confiance, Gatifet revenu à Saint-Malo avec son jeune chef était accouru se jeter aux pieds de la jeune et jolie Bretonne que la femme de l'illustre corsaire avait gardée près d'elle.

Gatifet, suivant ses propres expressions, avait bravement cousu les lais de la robe de noce de sa fiancée, et Surcouf, désireux de contribuer au bonheur de son matelot, avait hâté de tout son pouvoir l'approche du moment si ardemment attendu par le gabier.

Effectivement, trois semaines après, Marthe tendait sa blanche main à l'heureux marin, et un vieux prêtre bénissait leur union.

Inutile de dire que le vieux maître d'équipage, le père Mal-en-Train, assistait le fiancé en qualité de témoin, et cette fois (ce fut peut-être la seule durant son existence), cette fois, Mal-en-train daigna sourire en baisant sur le front la jeune femme.

Deux mois après, la Confiance reprenait la mer. Surcouf, ne voulant pas troubler la joie de la lune de miel, avait remis à la voile pour les Indes sans son fidèle matelot.

Huit mois s'écoulèrent rapidement, car les deux époux s'adoraient.

Un jour, cependant, Gatifet réfléchit que ses parts de prise ne constituant pas un capital énorme, il lui fallait songer à reprendre la mer.

D'ailleurs, l'amour développait son ambition, ainsi qu'il l'avait dit lui-même.

Marthe était habituée au luxe dans la maison de Madame Surcouf, et Gatifet voulait que sa femme ne perdît rien en quittant cette riche demeure.

Sa résolution arrêtée, il chercha un engagement.

Ripeaut de Monteaudevert se trouvait alors à Saint-Malo, armant une fine goëlette nommée l'Éclair, avec laquelle il se proposait d'aller croiser sur les côtes d'Espagne.

Il proposa à Gatifet de passer à son bord en qualité de maître d'équipage.

Celui-ci accepta.

Marthe, en digne filleule de la femme d'un corsaire, se montra ferme et stoïque le jour du départ de son mari, bien que son pauvre cœur fût gonflé par les larmes et que de lugubres pressentiments fussent logés dans son esprit.

L'Éclair appareilla.

La croisière fut désastreuse : une tempête assaillit la goëlette dans le perfide golfe de Gascogne et la jeta dans les eaux d'un vaisseau de ligne anglais, qui lui appuya vigoureusement la chasse.

L'intrépide équipage français combattit en désespéré ; mais l'Éclair, privé de ses mâts et des trois quarts de ses hommes, tués par le formidable ennemi, sa coque trouée par les boulets qui l'avaient mise à jour, l'Éclair coulant bas, fut contraint d'amener son pavillon.

La goëlette, abandonnée, sombra, et les prisonniers français furent conduits à Portsmouth.

On devine le reste.

Depuis vingt mois que Gatifet subissait sa pénible captivité, pas une heure ne s'était écoulée sans que le souvenir de Marthe vînt occuper son esprit.

Son amour avait grandi dans le malheur.

Il avait adressé plusieurs lettres à Saint-Malo, et Marthe lui avait écrit plusieurs fois aussi.

Dans sa dernière missive, la courageuse jeune femme exprimait sa résolution d'intercéder, par tous les moyens possibles, auprès des autorités de France et d'Angleterre, pour obtenir, à défaut de la liberté de son mari, la permission d'aller partager son malheureux sort.

Gatifet, justement effrayé des douleurs qu'aurait à subir la pauvre enfant, si ce qu'elle demandait lui était accordé, Gatifet s'était empressé de répondre à Marthe et de la supplier de renoncer à son projet.

Il y avait cinq mois de cela, et depuis lors il n'avait reçu aucune nouvelle.

Le service de la poste était si mal fait relativement aux prisonniers, que ce silence inquiéta peu le matelot, et qu'il finit même par le tranquilliser en lui donnant à penser que Marthe n'avait pu mettre son dessein à exécution, lorsqu'un paragraphe de la lettre de Surcouf, paragraphe que le lecteur ne connaît pas encore, était venu réveiller toutes ses inquiétudes.

Aussi Gatifet avait-il à un haut degré la fièvre de la liberté, et s'était-il proposé avec Ripeaut de Monteaudevert pour affronter les premiers périls de l'évasion projetée.

Il lui semblait que l'activité qu'il déployait calmerait un peu ses tortures morales.

Cela arrivait effectivement, et Gatifet oubiait en face du danger ; mais une fois seul avec lui-même, ses pénibles pensées l'assaillaient en foule, ainsi que nous venons de le dire.

Ce matin-là, Gatifet, plus tourmenté encore que de coutume, s'approcha du hamac dans lequel était étendu le capitaine Lioris.

Le corsaire, lui aussi, n'avait pu dormir.

« Que veux-tu, garçon ? demanda-t-il à Gatifet, qu'il reconnut au son de la voix.

— Vous demander un grand service, commandant ! répondit le marin.

— Lequel, matelot ? Parle vite ; ce que je pourrai faire pour toi, je le ferai.

— Je voudrais, commandant, si c'était un effet de votre bonté, que vous me relisiez le passage de la lettre de Surcouf, où il parle de Marthe.

— Ah ! ah ! il s'agit de ta femme.

Oui, commandant.

— Mais tu dois le savoir par cœur ce passage-là. Voilà la dixième fois au moins que tu me demandes de te le relire.

— Qu'est-ce que voulez ? J'ai le cœur chaviré par rapport à Marthe. Je ne fais que penser à elle, et j'ai besoin d'en entendre parler. Peut-être que j'aurai mal compris jusqu'ici ce que dit Surcouf.

— Eh bien! garçon, je ne demande pas mieux de te contenter ; mais il faut attendre que les sabords soient ouverts. Il fait plus noir ici que dans un four, et le manque d'air me suffoque au point que j'ai de la peine à parler. »

En effet, l'oxigène était devenu tellement rare dans la batterie que les prisonniers étaient menacés d'une asphyxie générale.

Un grand nombre, la gorge sèche, la respiration sifflante, les yeux hagards, le visage violacé, se pressaient autour des sabords pour saisir au passage les premières bouffées d'air qui s'engouffreraient dans l'intérieur du ponton.

Gatifet demeura debout près de Lioris.

Enfin huit heures sonnèrent. Le supplice touchait à son terme.

Les mantelets furent relevés en dehors par les soldats anglais, et un cri de joie retentit dans la batterie.

Le jour et l'air venaient d'y pénétrer.

Le jour était blafard, nébuleux, grisâtre ; l'air était humide, glacial, chargé d'émanations vaseuses ; mais enfin c'était le jour, c'était l'air, et les prisonniers contemplaient l'un avec bonheur et l'autre avec ivresse.

Chaque matin les mêmes souffrances se renouvelaient suivies de la même scène.

Combien cette subite transition, que ne pouvaient supporter les Français exténués fut-elle fatale à de pauvres malheureux.

Et cependant, chaque jour, tous l'attendaient avec anxiété cette cause de maladies souvent mortelles, et la recevaient avec reconnaissance. Aussi on mourait vite à bord du ponton-hôpital, on n'y séjournait pas longtemps ; et, malgré les nombreux vides qui se faisaient chaque matin dans les rangs des malades, le fatal ponton regorgeait-il de monde.

Lioris sauta vivement à bas de son hamac, et se précipita vers un sabord ouvert.

Puis, la poitrine un peu dégagée, il fit signe à Gatifet de le suivre dans un coin où ils fussent à l'abri de la surveillance.

Alors, prenant la lettre de Surcouf, il l'ouvrit avec précaution, et chercha l'endroit dont il devait donner lecture à son compagnon.

« Écoute, lui dit-il, voici ce qu'écrit Surcouf ;

«..... Quant à Gatifet, je ne puis lui donner des nouvelles de Marthe. Six semaines avant mon arrivée ici, elle était partie sans que ma femme elle-même connût ses projets. Tout ce qu'elle a pu savoir, c'est que Marthe s'était d'abord dirigée vers Paris. Depuis, elle n'a rien appris. »

— C'est tout? demanda Gatifet.

— Oui, matelot, répondit Lioris en refermant la lettre.

— Merci, commandant.

Le marin s'éloigna plus sombre et plus rêveur.

Sa tête se remplissait incessamment de lugubres pensées.

« Si Marthe avait mis son projet à exécution, se disait-il ; si elle avait pu réussir, évidemment elle serait depuis longtemps à Portsmouth. A-t-elle échoué dans ses tentatives? est-elle retenue par les autorités anglaises? m'a-t-elle oublié? est-elle prisonnière? Peut-être n'a-t-elle pu résister à la fatigue et au chagrin..... peut-être..... est-elle morte ! »

Le pauvre Gatifet pâlissait à cette horrible supposition.

Puis des idées moins tristes succédaient parfois aux pensées déchirantes.

Il se disait que Marthe serait sans doute retournée à Saint-Malo, que Surcouf lui aurait rendu l'espoir ; qu'elle l'attendait dans sa jolie maisonnette ; que lui-même allait bientôt être libre... que tous deux seraient prochainement réunis.

Et Gatifet souriait à son rêve de bonheur.

Le matelot passa la journée dans ces alternatives.

Comme ses camarades, il appelait la nuit de tous ses vœux ; car, la nuit venue, il quitterait le ponton, il reverrait Surcouf, et Surcouf lui donnerait des nouvelles de Marthe.

Les autres conjurés erraient çà et là : les uns dans la batterie, les autres sur le pont, évitant avec soin de se parler, même de se rencontrer, dans la crainte qu'un mot imprudent n'éveillât l'attention des espions ou des Anglais.

La fièvre de l'impatience brûlait leur sang et le faisait violemment battre dans leurs artères.

Lioris, Bléas, Karnac, Ripeaut de Monteaudevert et le maître d'équipage qui avec Gatifet, formaient les six hommes auxquels serait confié le soir même le sort de leurs amis, étaient surtout en proie à une surexcitation qu'ils avaient grand'peine à comprimer.

Leurs yeux rougis, leurs regards ardents, leurs mains moites et brûlantes indiquaient la torture morale qu'ils subissaient.

Les heures leur semblaient de longs siècles.

Incapables de demeurer en repos, de se livrer au plus léger travail, ils promenaient parmi leurs compagnons leur marche frémissante, surveillant les moindres mouvements de leurs gardiens.

Leur anxiété s'accroissait en raison de l'approche du moment fixé pour leur fuite.

A chaque instant ils s'attendaient à voir pénétrer les soldats anglais dans la batterie, à se sentir saisis, garrottés, tant il leur paraissait difficile que les yeux d'Argus de leurs geôliers n'eussent pas deviné leur projet.

Tout devenait pour eux un sujet d'alarmes.

A l'heure de la visite ordinaire une terreur vertigineuse s'empara des malheureux.

Les Anglais, suivant leur coutume, vinrent sonder avec des barres de fer les murailles du navire pour s'assurer qu'aucune ouverture n'y était pratiquée.

Grâce aux deux pièces de bois admirablement rapportées, qui fermaient le trou percé par les Bretons depuis plus de quinze jours, grâce aux chiffons, aux étoupes qui en calfeutraient le vide et en faisaient disparaître la sonorité délatrice, le moyen de salut des pauvres gens avait constamment échappé à l'inspection des soldats ; mais, ce jour-là, il leur semblait que les gardiens s'acquittaient de leur tâche avec plus de soin encore que les journées précédentes.

Les recherches minutieuses des Anglais leur donnaient le frisson.

Bléas fut le seul qui ne perdit pas la tête dans cet instant critique. Passant lestement par l'escalier de la grande écoutille, il sauta dans le faux-pont ; puis, saisissant la paille à l'aide de laquelle il tissait des dessins sur des boîtes, il s'assit sur le plancher et appuya son dos sur l'endroit même où se trouvait l'ouverture.

Paraissant se livrer avec ardeur à son travail, il ne bougea pas quand les soldats descendirent en quittant la batterie.

Les coups de barre de fer pleuvant autour de sa tête, de ses bras et de ses épaules le trouvèrent impassible.

La brutalité féroce des Anglais, qui dirigèrent avec préméditation quelques-uns de leurs coups sur le prisonnier, le seconda admirablement.

Bléas eut les bras et les épaules meurtris, sa tête même fut effleurée ; mais il ne poussa ni un cri ni une plainte, et les soldats passèrent.

Par surcroît de prudence, l'enseigne de vaisseau résolut de ne pas quitter sa place jusqu'à la nuit close.

Quant à André, accroupi dans un coin, travaillant à sa fabrication clandestine, il paraissait aussi insouciant que ses camarades étaient tourmentés.

Lacousinnerie, qui le surveillait avec attention, ne le vit pas même se lever une fois durant le jour.

La nuit vint, et avec elle, l'heure du dîner.

Les prisonniers mangeaient par divisions de platée.

Chaque platée se composait de six hommes recevant leur ration en commun.

Les ustensiles qu'on leur donnait pour prendre leurs repas, consistaient en une gamelle et en un bidon en fer-blanc.

Quant à la nourriture elle était exécrable, et les angoisses de la faim pouvaient seules faire surmonter le dégoût qu'elle soulevait.

Les fournisseurs, agissant sans contrôle, augmentaient leurs bénéfices aux dépens de la qualité des rations.

La viande était gâtée ; les légumes, ignobles débris jetés sans doute dans les rues par les cuisinières de Portsmouth, n'avaient ni nom ni forme.

Le pain, d'une couleur roussâtre, était tellement pâteux et gluant, qu'il fallait renoncer à le couper.

S'efforçait-on d'en séparer un morceau en deux, il se formait entre les parties disjointes des fils pareils à ceux que présente la poix chauffée tirée en sens contraires.

Aussi arrivait-il souvent que les prisonniers, après avoir dîné, étaient saisis de vomissements et de douleurs d'entrailles.

Ce soir-là, par un heureux hasard, le pain était à peu près mangeable.

Décidément la fortune protégeait les conjurés, car elle leur permettait de prendre quelques forces au moment où ils allaient avoir besoin de toutes les leurs.

André faisait partie de la platée voisine de celle de Lacousinnerie.

En se mettant à table, c'est-à-dire en s'asseyant sur le plancher de la batterie, celui-ci remarqua l'absence subite d'André qu'il avait vu près de lui quelques secondes auparavant.

Lacousinnerie s'informa auprès de ses voisins de ce qu'était devenu le matelot.

« Le caporal Péters vient de le venir chercher, lui répondit-on.

— Le caporal Péters ! répéta le corsaire en frémissant. André serait-il donc l'ami de cet atroce soldat qui nous abreuve chaque jour d'outrages et de misère.

— Je n'en sais rien, dit un sergent d'infanterie qui faisait partie de la platée d'André. Tout ce que je sais, c'est que l'Anglais vient le chercher tous les jours, tantôt à une heure tantôt à une autre. Il paraît que c'est par lui qu'André vend ses chapeaux de paille. Il partage le gain avec le caporal, qui lui trouve des acquéreurs, et qui protége la fraude parce qu'il y va de son intérêt. »

Cette explication plausible de l'absence

du matelot, et de ses relations avec le soldat anglais, tranquillisa Lacousinnerie.

En effet, un quart d'heure ne s'était pas écoulé après le dîner fini, qu'André revenait prendre sa place dans la batterie.

Le capitaine corsaire le rejoignit au moment où le matelot, profitant des dernières lueurs du jour, allait se remettre au travail.

« Tu n'as pas dîné, il me semble, aujourd'hui? dit Lacousinnerie en s'asseyant sur un banc voisin.

— Non, répondit André sans relever la tête.

— Pourquoi?

— Je n'avais pas faim, et j'avais abandonné ma ration à un rafalé malade.

— Ah çà! tu ne manges donc jamais?

— Si, quelquefois. »

Et André se retourna avec un mouvement d'impatience, qui décelait clairement la contrariété que lui causaient les questions de Lacousinnerie.

Celui-ci s'en aperçut; mais, tourmenté par les soupçons que Ripeaut de Monteaudevert lui avait communiqués, il ne montra nullement l'intention de quitter la place, et d'abandonner l'espèce d'enquête qu'il avait commencée.

Aussi, après quelques minutes de silence :

« Eh bien! reprit-il, as-tu songé à ce que nous avons dit cette nuit? As-tu vu le marchand anglais qui doit te prêter les vingt livres dont nous avons besoin?

— Oui, je l'ai vu, répondit André.

— Alors, as-tu encore l'espoir de réussir? »

Un pâle sourire glissa sur les lèvres du matelot.

« Demain, dit-il, je vous remettrai l'argent nécessaire à votre évasion.

— A notre évasion, veux-tu dire, fit Lacousinnerie en appuyant sur le pronom possessif. Oublies-tu donc que tu pars avec nous?

— L'homme propose et Dieu dispose, répondit André avec l'insouciante philosophie d'un fataliste. Qui sait ce qui arrivera? Enfin, s'il est écrit que je doive partir, je partirai. Et puis, que vous importe? Pourvu que vous ayez les vingt livres, n'est-ce pas tout ce qu'il vous faut? »

Une escouade de soldats anglais, chargés

de faire accrocher les hamacs que l'on enlevait chaque matin, vint interrompre la conversation des deux hommes.

Lacousinnerie s'éloigna, mécontent des réponses d'André, et plus que jamais décidé à ne pas le perdre du regard jusqu'au moment de l'évasion.

Ripeaut de Monteaudevert, auquel il confia sur l'heure les détails de cette courte causerie, ne contribua pas peu à augmenter ses craintes.

« Si André était un traître, si je le supposais réellement, dit brusquement l'énergique corsaire, je le tuerais de ma main, et cela sans tarder d'une seconde !

— Calme-toi, répondit Monteaudevert ; un meurtre, même justifié, serait capable de faire avorter nos projets. Contentons-nous de prévenir quelques-uns des nôtres, et d'entourer André d'une active surveillance. Maintenant, vieux, séparons-nous ! L'heure approche ; le couvre-feu va sonner ; tâchons de faire semblant de dormir dans nos hamacs. A onze heures et demie Bléas nous préviendra. Nous serons prêts tous les six.

— Je veux vous voir partir, répondit Lacousinnerie dont les yeux flamboyaient ; je veux refermer moi même le trou »

La cloche du bord, accompagnée d'un roulement de tambours, annonça l'extinction des feux.

Alors un grand tumulte se fit dans le ponton.

Les prisonniers gagnèrent leurs hamacs; les Anglais laissèrent retomber les mantelets sur les sabords ; les sentinelles de nuit furent posées.

Les patrouilles anglaises parcoururent le pont, explorèrent les escaliers et fermèrent l'entrée de chaque batterie afin d'éviter toute communication nocturne.

Le pas lourd des soldats retentit longtemps dans les cavités sonores du vaisseau; puis le silence se rétablit peu à peu.

Une heure après les Français subissant, pour la plupart, les engourdissements du premier sommeil, gisaient immobiles sur leurs couches étroites.

Les rafalés dormaient étendus sur le plancher.

Cette nuit-là, le sanctuaire des académiciens ne s'éclaira d'aucune lumière.

Personne, pas même André, n'y vint

prendre sa place accoutumée. Lacousinnerie ne s'était décidé à se jeter sur son hamac qu'après avoir vu le matelot s'établir dans le sien.

Au reste, l'opacité des ténèbres rendait toute surveillance impossible.

A l'extérieur on entendait, partant de la galerie circulaire, et se répétant de dix minutes en dix minutes, le cri de veille des sentinelles anglaises : « All is well ! »

Onze heures et demie venaient de sonner.

Bléas, le corps entièrement nu, et prêt à se jeter à la mer, sauta doucement en dehors de son hamac.

Rampant alors comme un serpent au milieu de l'obscurité, il alla successivement avertir chacun des six conjurés qui devaient partir, que le moment était arrivé.

Bientôt, tous six furent réunis à l'arrière.

Lacousinnerie et cinq autres Bretons les y attendaient pour les seconder à l'instant décisif.

On déblaya vivement des planches qui recouvraient l'ouverture qui faisait communiquer la batterie et le faux-pont.

Peut-être avons-nous oublié de le dire, le

faux-pont étant la partie d'un navire construite au-dessous de la dernière batterie, au ras de la flottaison, et, par conséquent, la plus voisine de la mer, se trouvait être, sur les pontons, la seule où l'on pût pratiquer une ouverture inaperçue des sentinelles extérieures, puisqu'elle était la seule qui se trouvât au-dessous de la galerie.

Les prisonniers qui voulaient tenter de s'évader devaient donc d'abord percer le plancher, descendre ensuite dans le faux-pont, et là creuser le trou qui pouvait leur permettre de s'affaler à la mer.

C'est ce qu'avaient fait depuis longtemps les conjurés du Britannia.

Au reste, cette première voie de communication existait à bord de tous les pontons, et, en dépit de la surveillance anglaise, établissait ainsi la nuit des rapports faciles entre les prisonniers des deux étages du navire qui, durant le jour, se visitaient librement par l'escalier de la grande écoutille. Seulement, cette ouverture clandestine était tellement étroite, qu'un homme pouvait seul s'y glisser.

Néanmoins, cette opération étant à peu près exempte de dangers, les douze Bretons opérèrent rapidement, et sans bruit, leur descente.

Une fois dans le faux-pont, ils se dirigèrent, toujours rampant sous le double rang des hamacs, vers le trou pratiqué dans la muraille.

Les cœurs battaient rapidement dans les poitrines gonflées par l'émotion.

Bléas enleva doucement la première plaque de bois, puis la seconde.

Alors apparurent, aux yeux des prisonniers, les reflets sombres de l'eau vaseuse qui clapotait le long du vaisseau, à deux pieds au plus de l'ouverture.

La galerie s'élevait à six pouces au-dessus.

Cette galerie, nous le savons, était à claire-voie.

Une vive fraîcheur, montant par bouffées, rafraîchit le front des prisonniers baigné d'une sueur abondante.

La route de la liberté venait de s'ouvrir !

Comme celle de la veille, la nuit était obscure et pluvieuse ; le froid, cependant, était plus intense.

Mais les ténèbres protégeaient la fuite ; et

la graisse, destinée à la lampe et partagée fraternellement, devait, en enduisant le corps, le mettre à l'abri de l'action du froid.

« C'est à moi à éclairer la route, dit rapidement Ripeaut de Monteaudevert en s'avançant. Guidez-vous sur moi, et rappelez-vous que notre lieu de ralliement est le second îlot de vase, c'est-à-dire celui qui se trouve droit par la hanche de babord du ponton. Gatifet partira le dernier afin de soutenir les traînards et de guider ceux qui me perdraient de vue. Tout cela est bien compris? Allons, enfants! une bonne poignée de main; de la précaution, du courage, et à l'eau!

— Répète bien à Surcouf, dit Lacousinnerie, que samedi nous serons tous à l'endroit indiqué, dussions-nous passer au travers de la fusillade pour y arriver.

— Oui, répondit Ripeaut; et nous aussi, nous y serons. Notre devise est toujours la même: liberté pour tous, ou la mort pour chacun de nous! »

Et l'intrépide marin, après avoir embrassé étroitement son ami, se glissa par le rou.

Son corps disparut entièrement dans la mer; car la prudence commandait impérieusement de gagner, en nageant entre deux eaux, la partie de la baie hors de portée de la vue des sentinelles.

Heureusement, avons-nous dit, la nuit était sombre, et la pluie fine qui tombait sans discontinuer augmentait encore l'épaisseur des ténèbres.

Après Ripeaut, ce fut le tour de Bléas qui s'affala tout aussi heureusement par le trou sans éveiller l'attention des soldats.

Puis se glissèrent successivement Karnac et le maître d'équipage.

Restaient Lioris et Gatifet.

Lioris embrassa Lacousinnerie et les autres prisonniers, lesquels suivaient avec une ardeur anxieuse le départ de ceux qui devaient, trois jours après, protéger leur fuite.

Puis le corsaire s'engagea dans l'étroite ouverture.

Déjà ses jambes avaient plongé dans l'eau, sa tête s'abaissait lentement, et ses mains allaient abandonner les bords du trou sauveur, lorsqu'un cri de douleur étouffé jaillit à demi de sa gorge.

Un énorme clou, planté le long de la muraille du ponton, et que le hasard avait fait éviter aux autres, venait de pénétrer dans l'épaule gauche de Lioris.

« Ta main! ta main! » murmura-t-il en tendant le bras droit vers Gatifet.»

Celui-ci, agenouillé près de l'ouverture, s'empressa d'attirer à lui le corsaire dont les traits, horriblement contractés, annonçaient la douleur qu'il supportait en silence.

Malheureusement, en ce moment même, la sentinelle, revenant sur ses pas, se dirigea rapidement vers la partie de la galerie au-dessous de laquelle Lioris se tenait suspendu.

L'instant était suprême; une hésitation pouvait tout perdre.

Lioris, n'écoutant que son courage, repoussa Gatifet, et, les chairs meurtries et saignantes, il se laissa glisser subitement à l'eau.

« Whose stere? » cria la sentinelle en s'arrêtant. Et le bruit sec du chien, faisant crier la gâchette, indiqua que le soldat était prêt à faire feu.

Gatifet, Lacousinnerie et leurs compagnons se crurent perdus, eux et les prisonniers évadés.

Les dix secondes qui suivirent le bruit causé par l'armement du fusil et par le cri de la sentinelle, leur apportèrent toutes les angoisses que les forces humaines peuvent supporter.

Ils s'attendaient à voir briller un éclair et à entendre siffler une balle.

Un coup de fusil donnant l'alarme dans la baie, dans la rade et dans le port, eût rendu toute évasion impossible.

En un clin d'œil les embarcations de garde, toujours armées, eussent chassé et repris les fuyards.

La sentinelle, toujours immobile, l'oreille au guet, et s'efforçant de percer les ténèbres qui l'entouraient, se tenait prête à épauler son arme.

Enfin, ayant écouté quelques instants encore, les yeux attachés sur le point d'où il avait cru que s'était élevé le bruit qui l'avait frappé, le soldat, ne voyant rien, n'entendant plus rien, attribua probablement au choc d'une lame le bruissement qui avait appelé son attention, et reprit sa promenade en sens opposé.

Lacousinnerie leva les yeux au ciel avec une expression de sublime reconnaissance.

Gatifet prononça mentalement le nom de Marthe, et se jeta à la mer.

Les six hommes étaient partis.

« Que Dieu les protége! » murmura Lacousinnerie en tombant à genoux au milieu de ses compagnons qui, obéissant à ce sentiment instinctif de tout être placé en présence d'un péril imminent, imitèrent son exemple.

Après quelques minutes d'un profond silence, qui commençait à ramener le calme et l'espérance dans l'esprit des Français demeurés à bord du ponton, Lacousinnerie s'apprêta à reboucher l'ouverture.

Déjà il avait replacé la première pièce de bois, lorsque des cris, accompagnés d'un bruit d'armes et de pas, éclatèrent sur le pont du Britannia.

Au même moment un coup de canon retentit, répété par les échos jusqu'au-delà de Portsmouth.

« Tonnerre! s'écria Lacousinnerie avec une énergique fureur, nous sommes trahis!... Vite! dans la batterie et gagnons nos hamacs! Que Dieu ait pitié de nos frères! »

Les prisonniers se précipitèrent, après avoir cependant refermé le trou du faux-pont.

En cet instant, de nombreuses lumières resplendirent sur les eaux qu'elles éclairèrent subitement, des fanaux furent allumés à bord de chaque ponton, les côtes s'illuminèrent également et l'on put apercevoir par les fentes des mantelets, douze ou quinze embarcations chargées de soldats et armées de torches sillonnant la rade et la baie de Portsmouth à Gosport.

Lacousinnerie, en rentrant dans la batterie, s'était précipité vers le hamac d'André.

Ce hamac était vide.

Il courut au carré des académiciens, le carré était désert.

« Qui de vous a vu André? » demanda-t-il aux prisonniers qui, réveillés par le tumulte, parcouraient la batterie s'enquérant les uns aux autres de ce qui s'était passé.

Personne ne répondit, André n'était pas à bord du ponton.

Au moment même où Lacousinnerie et ses compagnons passaient dans le faux-pont, André s'était laissé glisser lentement à bas de son hamac.

Puis, effleurant à peine le plancher de ses pieds nus, il avait gagné la porte de la batterie.

Contrairement aux habitudes et au réglement, cette porte n'était point fermée.

André la poussa doucement et, la refermant sur lui plus doucement encore, il gravit avec légèreté les degrés de l'escalier conduisant sur le pont.

VI

Le Turnky.

Quatre heures avant que les derniers evenements que nous venons de décrire se fussent passés à bord du Britannia, c'est-à-dire vers huit heures du soir, deux hommes, paraissant se livrer à une conversation animée, remontaient High-street, l'une des plus belles rues de Portsmouth et incontestablement la plus célèbre par le souvenir de l'assassinat de Buckingham.

Les deux promeneurs se trouvaient précisément alors en face de la maison portant le numéro 110, où, près d'un siècle et demi auparavant, Felton avait commis son crime.

L'un de ces deux hommes, revêtu de l'uniforme des lieutenants de vaisseau de la marine britannique, offrait, dans son ensemble, le type complet de cette laideur grotesque attribuée par nos caricaturistes à certains enfants de la vieille Albion.

Que l'on se figure un petit homme haut de moins de cinq pieds, d'une corpulence énorme, taillé comme un ours des montagnes et dont le cou court, épais, large, apoplectique, couleur de brique et sillonné de veines bleuâtres et saillantes, soutenait la plus monstrueuse tête quadrangulaire que l'on puisse imaginer.

Des cheveux plats, d'un rouge cramoisi, descendaient sur un front tellement bas, qu'ils semblaient faire corps avec d'épais sourcils de même nuance, sous les touffes incultes desquels on apercevait deux petits yeux ronds comme ceux des oiseaux, saillants comme ceux des poissons, et d'une couleur indéfinissable.

Une bouche énorme, aux lèvres minces et décolorées dont les extrémités s'enfouissaient sous des favoris indescriptibles, était surmontée d'un nez maigre et crochu.

Le menton était tellement court que, pas plus que le front, il ne paraissait exister.

Enfin, un teint pouvant rivaliser avec le vieil acajou, et des joues outrageusement labourées par la petite vérole, complétaient l'ensemble de cette physionomie dont l'expression cruelle et repoussante semblait n'av r rien d'humain.

Cet agréable personnage se nommait Arthur Rawlow, et commandait, au nom du gouvernement anglais et sous la surveillance du transport-office, le ponton le Britannia.

C'était le turnky, le geôlier, comme l'appelaient les prisonniers placés sous sa garde : expression qui, soit dit en passant, avait le privilége de porter jusqu'à la rage l'exaspération ordinaire du digne capitaine contre les Français.

« Ah ! ils me nomment le turnky ! avait-il coutume de dire chaque fois qu'il inventait quelque torture nouvelle dont il allait commencer l'application sur ses malheureuses victimes, ah! ils me nomment le turnky!... Eh bien, je leur ferai voir jusqu'où peut aller l'autorité d'un geôlier! »

C'était surtout à propos des mille détails de la vie de ses prisonniers, dans laquelle il s'immisçait journellement au-delà de ses pouvoirs, que, ainsi que nous le verrons bientôt, brillait le génie inventif du capitaine.

Pour le moment, il se trouvait à terre, jouissant d'un congé de vingt-quatre heures qu'il avait sollicité le matin même.

Son compagnon offrait avec lui le contraste le plus parfait qu'eût pu désirer un dessinateur ami des oppositions.

Portant le costume de caporal d'infanterie anglaise, l'interlocuteur du commandant Rawlow était aussi long de taille que celui-ci était large, aussi maigre et aussi sec que l'autre était gras et gros, aussi roide et aussi impassible que le capitaine paraissait être agité et impatient.

Le corps du caporal ne se composait pour ainsi dire que de deux jambes qui formaient plus des trois quarts de sa hauteur et que surmontait un petit buste à la charpente osseuse et étroite, aux épaules carrées, aux longs bras minces et mal attachés.

Un cou d'autruche soutenait une tête grosse comme le poing, dont tous les traits paraissaient avoir adopté la ligne perpendiculaire.

Des cheveux et des sourcils blancs, à force d'être blonds, se détachaient à peine sur les chairs du visage.

Le front et le menton, étroits tous deux, étaient d'une longueur prodigieuse.

Deux gros yeux verts, ne regardant jamais en face, un nez très-court et des joues creuses composaient, avec une bouche ronde garnie de dents blanches énormes, les traits principaux de cette charmante figure.

Marchant la tête haute, le cou tendu, le regard fixe, le menton relevé, sans perdre une ligne de sa taille gigantesque, les bras collés le long du corps, la main gauche appuyée sur la couture du pantalon, la droite soutenant perpendiculairement la canne traditionnelle, remuant tout son être d'un même et seul mouvement quand il s'agissait de tourner la tête, tendant le jarret, avançant le coude-pied, le caporal possédait la régularité, l'impassibilité et les gestes anguleux d'un automate mal articulé.

On eût dit une mécanique de Nuremberg, un corps de bois mis en mouvement par un habile ressort intérieur.

Cet aimable et intéressant échantillon de l'armée de terre des trois royaumes se nommait Peters.

Les prisonniers français ne le connaissaient que trop bien ; aussi, après Rawlow le turnky, le caporal Peters était-il, à juste titre, l'objet de la haine profonde des détenus du Britannia, qu'il martyrisait sans pitié.

A l'heure où nous le mettons en scène, l'estimable sous-officier venait de quitter le ponton.

Il avait sans doute quelque grande et importante nouvelle à communiquer à son chef, car, après s'être rendu à la maison de celui-ci et l'y avoir cherché en vain, il avait parcouru la ville jusqu'au moment où il avait rencontré Rawlow.

Depuis dix minutes donc, ils causaient tous deux, si toutefois on peut donner le nom de causerie à la conversation qui avait lieu.

Le commandant, dont la physionomie décelait une formidable colère contenue à grand'peine, criblait son subalterne d'un déluge de questions auquel celui-ci opposait le glacial laconisme de ses réponses.

« Ainsi, dit Rawlow en s'arrêtant subitement, vous êtes certain de ce que vous m'apprenez?

— Oui, capitaine! répondit le caporal en portant la main horizontalement à sa casquette, suivant la coutume militaire anglaise, manœuvre répétée chaque fois que Peters parlait à son chef.

— Il y a complot à bord du ponton?

— Oui, capitaine.

— Dans un but d'évasion?

— Oui, capitaine.

— Avez-vous d'autres renseignements plus positifs?

— Non, capitaine.

— Ainsi, vous ne connaissez ni le nombre des conjurés, ni les meneurs, ni leurs moyens de réussite?

— Non, capitaine.

— Avez-vous quelque indice matériel, au moins? quelque preuve?

— Non, capitaine.

— Mais il faut en avoir!

— Oui, capitaine,

— Comment vous y prendrez-vous?

— Comme le capitaine voudra.

— Allez au diable! triple brute! s'écria Rawlow dont la colère était encore surexcitée par le sang-froid de son interlocuteur.

— Oui, capitaine, » répondit celui-ci sans sourciller, et, portant de nouveau la main à la visière de sa coiffure, il fit en avant deux longues enjambées dans l'intention évidente d'obéir à l'injonction du lieutenant de vaisseau.

Rawlow le rappela.

« Restez! » dit-il.

Le caporal s'arrêta brusquement et demeura immobile.

Rawlow se rapprocha de lui.

« Qui vous a révélé l'existence de ce complot? reprit-il.

— L'espion français, capitaine.

— André!

— Oui, capitaine.

— Et il ne savait rien autre chose?

— Non, capitaine.

— Quand vous a-t-il révélé l'existence de ce complot?

— Il y a deux heures à peine, pendant le dîner des prisonniers, au moment où il a coutume, chaque jour, de venir me faire son rapport.

— Mais enfin, quand doit avoir lieu cette évasion?

— André a dit qu'il ferait en sorte de le savoir ce soir, qu'on le laisse sortir de la batterie à onze heures et demie et qu'il viendrait tout me révéler.

— Encore une tentative! s'écria Rawlow. Chiens de Français!... ils seront cause qu'on me destituera! Ah! je me vengerai!.. je les ferai souffrir!

— J'ai déjà songé à quelque chose, dit obséquieusement le caporal.

— Et moi aussi! répondit le capitaine avec un mauvais sourire qui promettait une longue série de douleurs aux prisonniers. En attendant, vous allez retourner à bord.

— Oui, capitaine.

— Vous veillerez jusqu'à ce qu'André vienne vous trouver.

— Oui, capitaine.

— Et vous me l'amènerez à terre, chez moi. Surtout, agissez avec prudence.

— Oui, capitaine.

— Vous recommanderez au lieutenant Christy de faire bonne veille en mon absence, et vous lui direz que je serai de retour sur le ponton vers une heure du matin au plus tard.

— Oui, capitaine.

— A propos, ajouta Rawlow en retenant encore le caporal qui allait de nouveau s'éloigner, cette jeune Française qui était venue me demander ce matin, est-elle revenue ce soir?

— Oui, capitaine.

— Est-ce qu'on l'a laissée monter à bord?

— Non, capitaine, elle est demeurée dans le canot.

— A qui a-t-elle parlé?

— A moi, capitaine.

— Et elle a dit?

— Qu'elle vous suppliait de la recevoir.

— Après?

— Elle a pleuré.

— Beaucoup ?

— Beaucoup !

— My God ! murmura Rawlow dont un sourire fit grimacer la bouche. C'est qu'elle est charmante cette petite !... Et que lui avez-vous répondu, caporal ?

— Suivant votre ordre, capitaine, je lui ai donné votre adresse à terre. Elle doit attendre le capitaine chez lui en ce moment.

— Bien, Peters, très-bien ! dit le commandant du ponton en se frottant les mains. J'espère qu'elle n'a pas pu apercevoir son rascal de mari ?

— Non, capitaine. »

Le mot rascal, qui n'a pas d'équivalent dans la langue francaise, est la plus forte injure et le plus profond terme de mépris qui existe dans l'idiome anglais.

C'était une coutume établie que de se servir de cette expression en parlant d'un prisonnier ou en lui adressant la parole.

Les malheureux Français étaient tellement habitués à ces insultes qu'ils n'y faisaient plus attention.

« Allez ! je n'ai pas d'autre ordre à vous donner, » reprit Rawlow après quelques minutes de silence, pendant lesquelles il sembla avoir combiné tout un plan dans sa tête.

Le caporal exécuta une dernière fois le salut militaire, et, ouvrant le compas de ses longues jambes, comme s'il eût eu l'intention de franchir d'un seul pas la longueur de la rue, il s'éloigna dans la direction du port, où l'attendait le canot qui, une heure auparavant, l'avait conduit à terre.

Le capitaine Rawlow, marchant en sens opposé, remonta High-street vers le faubourg de Southsea, où était sa demeure.

La nuit était noire et le froid très-vif.

On était, le lecteur se le rappelle, au milieu du mois de décembre, et le thermomètre descendait à 8 degrés au-dessous de zéro.

Aussi l'officier anglais, ramenant à lui les longs plis d'un manteau qui lui couvrait les épaules, s'enveloppa-t-il avec soin pour se prémunir contre les perfides atteintes de la bise.

Pressant sa marche, il venait de s'enfoncer dans le dédale de petites rues qui aboutissent aux environs de la promenade Clarence, lorsqu'en traversant Bread-street, un coup sec, frappé par une main osseuse sur son épaule, lui fit subitement relever la tête.

« Eh! bonsoir, docteur? » s'écria Rawlow en tendant la main au nouveau venu, personnage de cinquante à cinquante-cinq ans, mince, poudré, pincé et d'une taille exiguë.

Ce personnage était le docteur Weis, médecin du transport-office, chargé de la surveillance sanitaire des pontons.

Cet homme, qui se croyait complaisamment le premier médecin de l'Angleterre, professait hautement, lui aussi, pour les Français le plus profond mépris, et ne daignait même pas leur cacher la haine qu'ils lui inspiraient.

Le transport-office avait soin de choisir ses employés parmi ceux dont le patriotisme stupide croyait se révéler en étalant avec emphase des sentiments que repoussait tout ce que l'Angleterre avait de cœurs honnêtes et d'intelligences éclairées.

Malin comme un singe, insolent comme un laquais, lâche comme une hyène, cruel comme un tigre, amateur effréné de langage équivoque et de mauvais calembours, chaque mot que prononçait le petit docteur était un quolibet, et chaque quolibet une insulte pour ses trop nombreux clients.

Au reste, homme instruit, mais matérialiste enragé, sans morale et sans vergogne, c'était bien le médecin qu'il fallait au transport-office, car, lorsque les pontons étaient trop pleins, ils se chargeait volontiers « d'éclaircir rapidement les rangs des prisonniers. »

« Bonsoir, cher capitaine, bonsoir, répondit cet aimable praticien avec un petit ricanement nerveux qui lui était habituel. Où diable allez-vous par cette bise glaciale? Vous avez, ma foi! l'air, embossé dans votre manteau comme vous l'êtes, d'un Roméo courant à quelque rendez-vous d'amour. Eh! eh! cher commandant, avouez que j'ai deviné juste! »

Rawlow ouvrit sa bouche formidable et se prit à rire bruyamment.

« Eh! continua le spirituel docteur; qui ne dit mot consent! J'ai deviné, hein? Au reste, je ne me trompe jamais, moi. Je parie même que la beauté qui vous attend avec impatience n'est autre que cette jeune et jolie Française que nous avons si bien lorgnée ce matin, tandis qu'elle pleurnichait dans son canot... Eh ! eh ! il s'agit de consoler la pauvre tourterelle affligée ! Vous avez, pardieu ! bien raison ! Morceau de roi, capitaine, vrai morceau de roi !

— N'est-ce pas qu'elle est charmante? répondit Rawlow dont les yeux ronds étincelaient.

— Ravissante, je l'ai dit! Lui avez-vous parlé?

— Non; vous savez bien que ce matin j'ai refusé de la recevoir, et ce soir je me suis absenté exprès du bord.

— Bravo! bien joué! Je devine encore. L'affliction de la belle augmentant, rendra sa défaite plus facile, et, au lieu de venir à bord, la voilà contrainte à se rendre dans votre habitation ! Très-adroit, très-adroit ! »

La physionomie de Rawlow s'épanouissait à vue d'œil.

« Docteur ! s'écria-t-il, vous êtes le diable. On ne peut rien vous cacher.

— Eh bien ! alors, dit curieusement Weis, en se rapprochant, racontez-moi tout en détail. Vous avez dû prendre des renseignements à propos de cette petite?

— Oui.

— Quelle est-elle?

— C'est la femme d'un prisonnier.

— Pardieu! nous le savions ce matin, puisqu'elle beuglait en demandant son mari à tous les échos des pontons. Ensuite?

— Ensuite? Eh bien, il paraîtrait qu'elle est venue en Angleterre sur un navire parlementaire, et qu'elle a obtenu, je ne sais comment, de l'amirauté, la permission de vivre à bord du ponton qui contenait son rascal de mari.

— Diable! la permission de l'amirauté!

— Oui; mais vous savez que le transport-office ne nous contrarie jamais dans nos commandements. Or, cette permission ne lui servira de rien, si je n'y joins la mienne, puisque son époux est à bord du Britannia...

— Et, interrompit Weis, comme à bord du Britannia vous êtes maître et seigneur, il est juste qu'avant d'y pénétrer la petite en acquitte les droits... du seigneur!

— Voilà! répondit ciniquement l'officier anglais.

— Alors, bonne chance, commandant! »

Les deux hommes se serrèrent la main et ils allaient s'éloigner, chacun en sens contraire, lorsque le petit docteur se penchant vers son interlocuteur ajouta en baissant légèrement la voix :

« A propos, mon cher Rawlow, si ce rascal de mari vous contrariait, ne vous gênez pas. Dites un mot et je m'arrangerai pour le trouver en mauvais état de santé. Rien ne me serait plus facile! Tous ces chiens-là sont plus ou moins avariés. Je le ferai conduire à bord du ponton-hôpital et, vous savez, on ne sort de là que par la cabane aux morts.

— Merci! répondit le lieutenant de vaisseau en secouant la tête.

— Oh! poursuivit Weis d'une voix engageante, ce serait simple comme bon jour! Un Français de plus ou de moins à bord des pontons, la chose est insignifiante; et si elle peut vous être le moindrement agréable, ce sera une économie pour le transport-office et un avantage pour les autres prisonniers, car je ne sais pas comment toute cette tourbe-là trouve assez d'air pour respirer dans les batteries. Voyons! Cela vous va-t-il?

— Vous êtes réellement charmant, Weis! répondit Rawlow en serrant affectueusement la main du docteur qui n'avait pas quitté la sienne, mais votre amabilité est superflue, j'ai trouvé mon affaire.

Bah ! qu'est-ce que c'est ?

— Il y a un complot d'évasion à bord. Je vais en connaître tous les détails, et je saurai bien faire que le mari en question y ait trempé un peu. De cette façon je tiendrai sa vie entre mes mains. Vous comprenez ?

— Parbleu ! c'est un argument sans réplique pour la petite, si elle faisait l'enfant, mais n'importe ! Pensez à mon moyen, il est bon ! C'est demain jour de visite sanitaire, eh bien ! nous en causerons avant de la commencer Sur ce, mille tendresses à la belle éplorée. Cette scélérate de brise me pénètre jusqu'aux os.

— Et vous êtes pressé d'échapper à ses atteintes en vous hâtant de regagner votre logis ?

— Mon Dieu non. Tel que vous me voyez, je vais prendre une voiture et aller demander le thé à sir Georges.

— Sir Georges ! le commandant du ponton le Protée ?

— Lui-même.

— Mais je vous croyais mal ensemble.

— Très-mal effectivement, répondit Weis;

aussi n'y vais-je que pour lui annoncer une mauvaise nouvelle.

— Bah ! quelle nouvelle ?

— La fièvre jaune est à bord de son ponton.

— Diable ! Heureusement que la Couronne nous sépare.

— La Couronne subit également l'invasion.

— Et le Britannia ?

— Le Britannia a quelques malades. J'avais oublié de vous le dire. »

Et le sourire malicieux du petit docteur décela la satisfaction qu'éprouvait intérieurement le praticien en effrayant son interlocuteur.

« La fièvre jaune à mon bord ! répéta Rawlow avec épouvante.

— Soyez tranquille, cher capitaine, la contagion n'existe pas.

— Vous en êtes sûr ?

— J'en réponds. D'ailleurs vous qui ne passez jamais la nuit sur votre ponton, qui ne respirez pas l'air désastreux des batteries, vous ne risquez rien. Il n'y a réellement danger que pour les prisonniers.

— Oh ! alors ! fit Rawlow avec un geste

qui indiquait que la mort des Français lui serait plutôt même agréable qu'indifférente.

— Oui, n'est-ce pas, cela ne signifie rien? Au reste, reposez-vous-en sur moi. La maladie n'est pas encore développée. Sept ou huit cas seulement se sont manifestés depuis hier. S'il y avait danger réel, je vous préviendrais.

— J'y compte, docteur.

— Adieu, cher capitaine.

— Au revoir, docteur! »

Les deux estimables personnages, si bien faits pour s'entendre et se comprendre, s'envoyèrent réciproquement un amical salut et se séparèrent.

Quelques minutes après, Rawlow atteignait la porte de sa maison.

Le capitaine tira le bouton de l'une de ces sonnettes extérieures que possède chaque maison anglaise, et la porte s'ouvrit presque aussitôt sous la main d'un domestique qui salua respectueusement.

VII

Marthe.

« Quelqu'un est-il venu ? demanda Rawlow en posant son pied sur la première marche de l'escalier.

— Oui, capitaine, répondit le valet, une jeune femme est venue il y a près de deux heures.

— Une Française, peut-être?

— Je le crois, capitaine, car je n'ai rien compris à ce qu'elle me disait.

— C'est cela. Où est-elle?

— Elle attend dans la salle basse.

— Très-bien. Envoyez-la-moi dans ma chambre. »

Le valet s'inclina, et Rawlow gravissant lourdement l'escalier, pénétra dans ses appartements.

Le capitaine se débarrassa vivement de son manteau et respira avec un bruit semblable à celui qu'eût produit un souffleur.

Puis il vint bravement se camper devant un miroir.

Essayant de donner un pli gracieux à sa chevelure, ébouriffant ses gros favoris et réparant à la hâte le désordre que le vent avait apporté dans sa toilette, il se souriait avec complaisance dans le cristal qui lui renvoyait fidèlement son affreuse grimace, lorsque le domestique ouvrit la porte de la chambre et poussa devant lui une jeune et jolie créature qui pouvait avoir au plus vingt-deux ans.

Cette pauvre femme, dont les traits précocement flétris par le chagrin et par les souffrances, décelaient cependant encore une beauté peu commune, portait le poétique costume des filles de la vieille Armorique.

Sa coiffe posée presque à plat, suivant la coutume des habitantes de Saint Malo, laissait échapper les flots puissants d'une luxuriante chevelure, couleur châtain clair, qui encadrait de gracieux bandeaux un front pâli à la forme pure.

Ses grands yeux noirs, frangés de longs cils à travers lesquels passait un regard triste et anxieux, étaient voilés par les larmes qui en rougissaient les bords.

Sa bouche mignonne, aux coins tirés, accusait l'expression douloureuse qui envahissait l'ensemble de sa physionomie.

En apercevant le lieutenant Rawlow qui s'était jeté nonchalamment dans un fauteuil, elle fit un pas en avant, puis elle s'arrêta.

« Pardon, monsieur, dit-elle d'une voix douce et brisée par l'émotion qui agitait convulsivement sa gorge. Est-ce au commandant du ponton le Britannia que j'ai l'honneur de parler ? »

La jeune femme s'était exprimée en français, mais l'officier paraissait avoir une connaissance approfondie de cette langue, car il répondit aussitôt :

« Je suis effectivement le commandant du Britannia.

— Ah ! Dieu soit béni ! s'écria la pauvre créature en joignant les mains. Voici tantôt quatorze heures que je vous cherche, monsieur, sans me reposer, sans boire ni manger ! Oh ! j'ai versé bien des larmes, allez ! depuis que je suis à Portsmouth ! mais enfin, Dieu soit béni ! vous voilà ! »

Tout en parlant, la Bretonne avait entr'ouvert les plis de son corsage de drap et en avait tiré un paquet soigneusement enveloppé qu'elle s'empressa de présenter à l'officier Anglais.

Celui-ci avança la main avec une insouciance affectée, prit le papier et l'ouvrit lentement.

« Eh bien ? fit-il après l'avoir parcouru des yeux.

— Quoi, monsieur ! s'écria la jeune femme dont le visage pâlit encore, vous ne voyez donc pas ? Mais c'est une permission à moi accordée par les lords de l'amirauté, pour que je puisse voir mon mari, et demeurer près de lui le temps qu'il sera à bord des pontons.

— Oui, je vois bien. Mais cette permission ne porte ni le nom du ponton à bord duquel est votre mari, ni celui du capitaine auquel elle devrait être adressée.

— Tout ce qu'on a pu savoir, c'est que mon mari était à Portsmouth, monsieur ; voilà pourquoi on n'a pas désigné le ponton. On s'en est rapporté à moi pour découvrir la vérité. Oh ! j'ai bien cherché, allez ! Enfin le ciel m'a protégée et j'ai pu apprendre que mon mari était sur le Britannia.

— C'est possible, après tout, répondit Rawlow ; comment se nomme-t-il votre mari ?

— Gatifet, Pierre-Nicolas Gatifet, natif de Saint-Malo.

— Gatifet ? répéta l'officier en attirant à lui un énorme registre placé sur une table voisine. Je vais voir si vous ne vous trompez pas. »

Et il se mit à feuilleter l'in-folio.

Rawlow savait parfaitement que le mari de la Bretonne était parmi ses prisonniers, mais il se plaisait à augmenter l'anxiété de la jeune femme pour mieux lui faire comprendre que de lui seul dépendait l'accomplissement du pieux désir qu'elle manifestait.

« Où et comment a-t-il été pris ? continua-t-il après un moment de silence.

— Il a été fait prisonnier par un navire de ligne anglais, alors qu'il revenait en France sur la goëlette l'Éclair.

— L'Éclair !... n'était-ce pas un corsaire ?

— Oui, monsieur.

— Alors votre mari est un flibustier ?

— Mon mari est un brave marin ! répondit vivement la Bretonne en relevant la tête, un brave marin qui a été pendant près de dix ans le compagnon et presque l'ami de Surcouf, le héros de la Bretagne.

— Surcouf !... répéta Rawlow qui, en entendant prononcer ce nom mortellement haï par tous les marins anglais dont il faisait la terreur, se sentit rougir de rage et de colère ; Surcouf, un héros ! ce voleur de grands chemins ! ce brigand ! ce bandit ! ce chien ! ce rascal !

— Surcouf est bon, brave et généreux ! s'écria la jeune femme, oubliant dans son patriotisme et la cause qui l'amenait et la qualité du personnage en face duquel elle se trouvait. Il n'y a que les lâches qui puissent insulter Surcouf !... Surcouf ! mais j'ai été élevée auprès de sa femme qui a toujours été ma protectrice, mais il a toujours aimé mon mari dont il est le bienfaiteur ! C'est lui qui nous a unis, qui pendant longtemps nous a donné le bonheur.

— Eh bien ! interrompit brusquement l'Anglais, c'était à lui et non à moi qu'il fallait vous adresser pour revoir votre mari.

— Oh ! fit la pauvre enfant en donnant à cette exclamation toute l'énergie d'une phrase entière, oh ! s'il avait été à Saint-Malo !

— Eh bien ! dit l'Anglais en ricanant, quand il aurait été à Saint-Malo ?

— Mon mari me serait rendu ! répondit la Bretonne dont les yeux brillaient d'une ardeur étrange.

— En vérité ?

— Surcouf a juré que si jamais l'un de ses amis tombait au pouvoir de l'Angleterre, il saurait bien le délivrer.

— Charmant, sur mon âme ! s'écria Rawlow en éclatant de rire.

— Ne riez pas, monsieur, dit vivement la jeune femme. Ce que Surcouf a promis il le tient toujours.

— Pas cette fois, cependant, puisque vous

êtes ici, puisque vous êtes venue implorer notre clémence.

— Parce qu'en ce moment Surcouf est aux Indes, parce qu'il ignore que mon mari est prisonnier.

— Comme cela, reprit l'Anglais d'un ton railleur, il serait venu assiéger Portsmouth avec son mauvais bateau, il aurait incendié les flottes, pris la ville, enlevé les pontons et mis en fuite la garnison?

— Je ne sais pas comment il aurait fait, répondit simplement la jeune femme ; mais ce que je sais, c'est qu'il aurait tenu sa parole, et qu'il la tiendra dès qu'il apprendra la vérité!

— Alors, ma belle enfant, puisque la délivrance de votre mari est si prochaine, il est inutile que vous cherchiez à le voir en ce moment. Je vais vous faire dès demain rembarquer pour la France. Précisément nous avons ici un navire neutre qui va mettre à la voile pour Cherbourg.

— Oh! ne faites pas cela, monsieur! ne faites pas cela! s'écria la malheureuse femme revenue subitement à sa situation précaire. Pardonnez-moi si je vous ai offensé, je n'en avais pas l'intention ; mais laissez-moi revoir mon mari, je vous en prie, je vous en conjure...

— Là ! là ! calmez-vous, petite ! dit Rawlow en prenant les mains de son interlocutrice et en la forçant à se relever, car la pauvre créature s'était précipitée à ses genoux. Je ne suis pas aussi méchant que j'en ai l'air ; voyons, ne pleurez plus et dites-moi votre nom ?

— Marthe Gatifet, monsieur.

— Marthe ?... un joli nom, qui va bien avec votre jolie figure. Nous disons donc que vous sollicitez la permission de revoir votre mari ?

— Oh ! oui, monsieur.

— Eh bien, Marthe, sachez tout d'abord que ce papier que vous venez de me présenter ne signifie absolument rien. Tout dépend de moi seul, car, sur mon ponton, je suis le maître après Dieu.

— Oh ! monsieur, alors accordez-moi la grâce que j'implore ! s'écria Marthe sans s'apercevoir, tant son trouble était grand, que son interlocuteur pressait dans ses mains rouges et brûlées par le hâle les petites mains blanches et mignonnes qu'il avait saisies.

— Nous verrons, nous verrons, je ne refuses pas positivement, répondit le commandant dont les petits yeux s'animaient et lançaient des regards ardents qui enveloppaient la jeune femme. Mais, d'abord, causons un peu, et si vous êtes aimable, si vous vous montrez gentille, eh bien... dès demain, peut-être...

— Demain ? » répéta Marthe en cédant involontairement à l'attraction de l'Anglais qui l'attirait vers lui.

Rawlow se leva brusquement, et, enlaçant son bras droit autour de la taille de la jolie Bretonne :

« Tu es charmante, et tu feras de moi tout ce que tu voudras, » murmura-t-il en penchant son visage hideux vers le frais visage de la pauvre enfant.

Celle-ci poussa un cri, et, avec une force nerveuse que Rawlow eût été loin de supposer rencontrer dans ce corps mignon et délicat, elle repoussa vivement le lieutenant de vaisseau et bondit à l'extrémité de la chambre.

Un seul coup d'œil lancé sur l'Anglais, qui, les lèvres humides, les yeux saillants à faire croire qu'ils allaient jaillir hors de leurs orbites, la face cramoisie, les veines du cou gonflées, dardait sur elle un regard de convoitise chargé de cyniques effluves, lui laissa deviner l'abominable danger dont elle était menacée et le pacte infâme que lui proposait le hideux personnage.

« Oh ! mon Dieu ! mon Dieu! s'écria-t-elle avec terreur, protégez-moi !

— Voyons, petite sauvage, êtes-vous folle de trembler ainsi? dit le commandant du Britannia en essayant de donner à sa voix une inflexion propre à calmer la jeune femme et en faisant un pas vers elle.

— N'approchez pas! » répondit Marthe en se reculant encore.

La Bretonne, soutenue par l'énergie de la colère, s'était réfugiée dans l'angle d'une fenêtre, et cherchait du regard autour d'elle un moyen de défense.

Rawlow, stupéfait de la façon dont tournait ce qu'il avait nommé d'avance sa bonne fortune, revint bientôt à sa brutalité ordinaire.

« Prenez garde! dit-il. Votre mari est à ma discrétion, et si vous faites la méchante, je me vengerai sur lui. »

Cette ignoble menace, qui décelait l'infâme caractère du capitaine, loin d'abattre la jeune femme, redoubla encore son indignation.

« Lâche! dit-elle en foudroyant l'Anglais sous l'éclair de ses regards. Lâche ! si j'avais une arme, je te tuerais !

— «Peste! répondit-il, quelle petite furie! Allons, chère enfant, assez de paroles inutiles. Vos beaux yeux et votre colère ne m'épouvantent pas. Vous êtes chez moi, le domicile d'un Anglais est sacré, et personne ne peut y pénétrer sans ma permission : donc vous êtes en ma puissance. N'excitez pas ma mauvaise humeur, vous pourriez vous en repentir.

— Laissez-moi! je veux partir ! je veux quitter cette infâme maison ! s'écria Marthe avec un redoublement de fureur.

— Pas avant que nous ayons fait la paix. Allons, je te promets que demain tu verras ton mari. »

Et Rawlow se rapprochant subitement, saisit la jeune femme et s'efforça de l'entraîner.

Mais celle-ci, redoublant d'énergie et de courage, se débarrassa une seconde fois des étreintes du commandant.

« Chien d'Anglais! dit-elle en se précipitant vers la fenêtre dont elle brisa un carreau. Crois-tu donc que la femme d'un corsaire français se laissera insulter impunément ! »

Et se retournant vers la rue, elle se prit à crier à l'aide.

« Silence ! silence donc ! » s'écria Rawlow justement alarmé.

Cette fois le misérable avait peur.

Les cris de Marthe pouvaient ameuter le quartier, provoquer un scandale dont les journaux de l'opposition n'auraient pas manqué de s'emparer.

Or, une enquête de l'amirauté aurait amené infailliblement la destitution de celui qui salissait, en le portant, l'uniforme de la marine britannique.

Rawlow le savait.

« Faire un tel bruit pour que les journaux soudoyés par la France crient au scandale et que je sois destitué ! » murmura-t-il avec rage.

Et, arrachant Marthe de la fenêtre, il la jeta au milieu de la chambre.

La jeune femme se cramponna à une table pour ne pas tomber.

Elle était épuisée par la lutte, mais ses yeux animés dénotaient le suprême effort qu'elle faisait encore pour demeurer ferme et debout.

En ce moment on sonna à la porte extérieure de la maison, que le domestique s'empressa d'ouvrir, et, presque aussitôt, un coup frappé discrètement à celle de la chambre où se trouvaient Rawlow et la jeune femme annonça l'arrivée d'un visiteur.

Rawlow, pâle de rage et tremblant de colère, se précipita vers la porte et l'entrebâilla.

« Ah ! c'est vous, caporal, dit-il en reconnaissant Peters qui se tenait immobile sur le seuil, la main droite toujours portée à sa casquette.

— Oui, capitaine. J'amène le Français. Il est là ! »

Peters désigna la pièce voisine.

« C'est bien, fit Rawlow en se reculant. Emmenez d'abord cette femme et vous introduirez le prisonnier ensuite. »

L'automate fit trois pas en avant, étendit le bras et saisit celui de la jeune femme.

Celle-ci se laissa entraîner sans opposer la moindre résistance.

Elle avait hâte de quitter la maison de l'officier anglais.

« Où faut-il la conduire? demanda Peters.

— Jette-la dans la rue ! » répondit Rawlow toujours blême de fureur.

Puis, au moment où Marthe, soutenue par le caporal, descendait lentement les marches de l'escalier, l'infâme commandant se pencha vers elle :

« J'ai découvert ce soir un complot à bord de mon ponton, dit-il à voix basse; votre mari est un des meneurs. Cette nuit il sera mis au cachot, et dans trois jours il sera fusillé ! Voilà comme je me venge ! »

Marthe, en entendant ces horribles paroles, laissa échapper un cri tellement déchirant, qu'il ressemblait au râle d'un agonisant.

Puis ses yeux s'ouvrirent démesurément, sa main crispée se porta à sa poitrine, elle chancela et s'affaissa sur les marches. Peters, toujours impassible, l'enleva dans ses bras, ouvrit la porte et déposa dans la rue la pauvre femme complètement évanouie.

Cela fait, le caporal tourna sur lui-même, rentra dans la maison, referma la porte, monta l'escalier, et, attendant les ordres de son chef, il se planta debout devant celui-ci dans la position réglementaire.

« Je me vengerai sur ces rascals de Français de l'insolence de cette petite brute ! » disait Rawlow en arpentant le plancher de sa chambre.

Puis se tournant tout à coup vers le caporal :

« Amenez l'espion ! » dit-il.

Peters fit un demi-tour et pénétra dans la pièce voisine.

VIII

L'espion.

André, car c'était lui, c'était le matelot breton qui remplissait au milieu de ses camarades l'ignoble métier de délateur, fut promptement introduit auprès du commandant.

« Eh bien ! dit celui-ci en relevant la tête ; il y a donc encore un complot d'évasion ?

— Oui, répondit André, qui paraissait être devant l'officier anglais aussi dégagé de manières qu'il semblait embarrassé et inquiet en présence des prisonniers.

— En connaissez-vous les détails, au moins ?

— Tous, puisque j'en fais partie.

— Vous ?

— Moi-même. Je n'ai rien trouvé de mieux pour apprendre la vérité.

— Au fait, dit Rawlow, c'est assez adroit.

— N'est-ce pas ? répondit André.

— Parlez vite alors.

— Oh ! ce sera long, au contraire.

— Ces rascals qui veulent partir sont-ils nombreux ?

— Très-nombreux.

— Et quand doit avoir lieu l'évasion ?

— Prochainement.

— Mais le jour n'est-il donc pas fixé ?

— Si fait.

— Eh bien, alors ?

— Alors, il faut que nous causions, dit froidement André en prenant un siége.

— Comment ! s'écria Rawlow, auriez-vous l'intention de me faire des conditions nouvelles ?

— Sans aucun doute !

— Mais...

— Ah ! fit André en se levant, si cela ne vous va pas, cherchez-en un autre ! bonsoir !

— Chien ! hurla le commandant avec rage, veux-tu me dire ce que tu sais ?

— Je ne vous dirai rien, et il faudrait tâcher d'être poli, répondit André dont les yeux s'éclairèrent d'un tel feu que Rawlow fut obligé de détourner ses regards.

— Poli ! moi, poli ! dit-il en ricanant ; avec un misérable de ton espèce !...

— Un misérable de mon espèce vaut bien un misérable de la vôtre ! dit le Breton avec une froide insolence. D'ailleurs, de geôlier à espion il n'y a que la main.

— Je te ferai rentrer tes paroles dans la gorge, rascal maudit !

— Vous ne ferez rien rentrer du tout, et si vous continuez à m'ennuyer, vous ne saurez rien !

— Je te forcerai à parler.

— Je vous en défie !

— Je te ferai mettre au cachot !

— Vous savez bien que vous avez déjà essayé à me faire parler quand je ne le voulais pas, et que ça n'a pas réussi.

— Je te ferai fusiller !

— Allons donc ! vous n'en avez pas le droit. Pour fusiller un prisonnier, il faut un jugement, et si je suis jamais conduit devant un tribunal, j'en raconterai long sur votre compte. Je dirai tout, depuis votre connivence avec les fournisseurs pour nous voler nos rations jusqu'à la visite de la petite Française que vous venez de faire jeter dans la rue.

— Hein ? murmura Rawlow avec stupéfaction ; vous savez...

— Je sais tout. Est-ce que ce n'est pas mon métier, puisque je suis un vil espion, un traître, un failli-chien ? Je sais bien autre chose, allez ! D'abord on doit vous tuer un de ces quatre matins sur le ponton.

— Me tuer, moi ! s'écria le commandant en devenant horriblement pâle.

— Mon Dieu, oui ! répondit simplement André. Tout est prêt pour vous faire votre affaire. Ça ne sera pas long, et c'est même joliment bien combiné ; vous verrez.

— On veut m'assassiner ! répéta Rawlow qui, de blême, devenait vert. On veut m'assassiner !

— Puisque je vous dis que c'est décidé et convenu. Ah ! ce sont de fiers hommes que ceux qui veulent faire ce coup-là. Vous avez beau vous méfier, vous faire garder à vue par vos soldats, vous y passerez !

— Mais c'est une horreur ! Tuer un gentleman, un officier de Sa Majesté !

— Tiens ! vous ne l'aurez pas volé. Vous avez fait mourir assez de Français ! »

Rawlow ne comprit pas : perdant contenance en face du danger qu'on lui révélait, il offrait le spectacle de ces natures cruelles et lâches qui savent martyriser les faibles, mais qui tremblent devant les forts.

« André, mon cher Français, dit-il tout à coup, j'ai toujours été bon pour vous ; vous me protégerez, vous m'apprendrez tout, vous empêcherez cet horrible projet de s'accomplir... Je vous donnerai tout ce que vous me demanderez. »

Le matelot ne répondit pas.

Sa bouche railleuse sourit dédaigneusement.

A l'expression de son visage, on eût pensé que cet homme ressentait une joie étrange de voir l'Anglais s'humilier devant lui.

« Vous êtes méchant, fit-il en haussant les épaules ; mais décidément vous n'êtes pas brave ! Allons, tranquillisez-vous. Il n'y a pas de danger... pour le présent du moins. J'ai voulu simplement me passer la fantaisie de vous faire peur.

— Hein ? s'écria Rawlow en se levant brusquement.

— Je vous dis qu'on ne doit pas vous assassiner. Ça viendra sans doute ; mais enfin il n'en est pas encore question.

— Bien vrai ?

— A quoi cela m'avancerait-il de mentir ?

— Ainsi... c'était un jeu?

— Mon Dieu, oui !

— Rascal ! chien ! s'écria le commandant, dont la physionomie reprit sa coloration ordinaire, tandis que la rage d'avoir laissé paraître sa lâcheté lui serrait la gorge au point d'empêcher les paroles de se formuler nettement. Ah ! tu te joues de moi?

— Et puis après ? demanda le matelot avec un flegme qui indiquait le plaisir qu'il prenait à exciter la colère de son interlocuteur.

— Après ?... balbutia Rawlow, après ? je me vengerai ! je te ferai souffrir.

— Et vous ne saurez plus rien de ce qui se passe à bord du Britannia, et si cette pensée de vous tuer venait aux prisonniers, comme cela arrivera un jour ou l'autre, personne ne sera là pour vous prévenir, et les

Français qui doivent s'évader fileront leur câble ! »

L'Anglais fit un suprême effort pour dompter sa rage.

Les espions ne se trouvaient pas facilement à bord des pontons, et André rendait de puissants services.

Depuis un an qu'il faisait son ignoble métier, aucune évasion n'avait pu avoir lieu à bord du Britannia.

Pas un trou ne se perçait dans la muraille du navire sans que Rawlow n'en fût instruit.

Une fois, un projet de révolte, ourdi avec un soin extrême, avorta par les délations du Breton.

Il avait sauvé la vie à l'état-major du vaisseau, qui devait être impitoyablement égorgé.

Les prisonniers ignoraient la présence du traître parmi eux, tant André agissait avec une précaution perfide.

Au reste, pas un Français n'avait pu être puni.

André surprenait les secrets, dénonçait les moyens d'évasion ou indiquait les mesures à prendre pour déjouer les desseins de ses frères ; mais jamais Rawlow n'était parvenu à lui faire nommer un coupable.

André ignorait toujours les noms de ceux qu'il fallait livrer à la justice anglaise.

Enfin, cet étrange espion vendait les secrets et non les hommes.

Aussi, tandis qu'à bord des autres pontons peu de semaines se passaient sans que plusieurs Français périssent en tentant de s'évader ; les uns tués par les balles des sentinelles, les autres noyés dans les bancs de vases ou massacrés à terre par les paysans ; à bord du Britannia, pas un seul prisonnier n'avait été, depuis près d'une année, exposé à ces abominables dangers, les projets étant toujours découverts longtemps avant leur mise à exécution.

Et cependant, si les Français eussent supposé que leurs tentatives échouassent par la faute du Breton, nul doute que celui-ci n'eût été cruellement puni de sa trahison.

La façon dont les prisonniers traitaient les espions était simple et effrayante.

Le misérable convaincu d'avoir vendu ses frères pour quelques livres sterling, se voyait traîné dans un coin de la batterie.

Là, on attachait le prisonnier sur un banc :

les autres criaient et chantaient pour étouffer ses plaintes.

Puis deux hommes, armés de fines aiguilles, liées ensemble, gravaient sur le front du condamné, à l'aide d'un peu de poudre volée dans une cartouche et d'indigo ou de vermillon, ces mots terribles :

« J'ai vendu mes frères aux Anglais à bord du ponton ***, le ***. »

Après un pareil tatouage, marque éternelle de déshonneur et de honteuse infamie, le supplicié ne pouvait plus supporter le poids de sa misérable existence.

Le plus souvent on le trouvait suicidé le soir même.

Aussi, les espions étaient-ils d'autant plus précieux que leur nombre était rare.

Rawlow n'ignorait pas qu'André était pour lui un puissant auxiliaire ; c'est pourquoi il n'osait se livrer à sa brutalité accoutumée envers cet homme aux singulières façons d'agir.

Bien souvent il avait frémi en pensant à un meurtre qu'eût rendu probable sa cruauté de tous les instants ; et André avec sa railleuse plaisanterie, avait touché juste.

Mais, quoique portant à l'espion une haine

profonde, le commandant du Britannia avait refoulé sa colère, dans la crainte de ne pas recevoir les révélations du Breton relativement au complot d'évasion.

Il poussa même la force d'âme jusqu'à simuler un sourire.

« Allons, reprit-il avec une sorte de bonhomie, allons, la plaisanterie était forte, mais ce n'était qu'une plaisanterie. Je ne dois donc pas m'en fâcher. Parlons de l'évasion projetée.

— Avant tout, dit André, convenons de ce que vous me donnerez.

— Mais, il me semble que vous êtes suffisamment payé.

— Je ne trouve pas, moi.

— Cependant, vous avez dix schellings par jour, une nourriture meilleure que celle des autres, on vous laisse fabriquer à votre aise les chapeaux de paille, travail interdit aux prisonniers, on vous accorde toute la liberté convenable...

— Ce n'est pas assez, interrompit André.

— Que voulez-vous donc?

— Je veux une bonne somme, une fois donnée, par révélation importante que je ferai.

— C'est impossible!

— Alors, n'en parlons plus! arrangez-vous! Les prisonniers fileront par douzaines, le transport-office se fâchera et vous serez destitué.

— Enfin, combien donc demanderez-vous?

— Cela dépend. Aujourd'hui, par exemple, je veux vingt livres.

— Vingt livres! s'écria Rawlow.

— Tout autant; il s'agit de six prisonniers qui doivent s'enfuir, et, si vous saviez les noms véritables de trois d'entre eux, vous n'hésiteriez pas à me satisfaire.

— Les noms! vous les savez?

— Oui.

— Et vous me les direz?

— Certainement.

— Eh bien! dites!

— Où est l'argent? »

Rawlow prit vingt livres et les plaça sur la table.

« Si vous me trompez, dit-il, prenez garde!

— Ce n'est pas mon intérêt, de vous tromper, puisqu'une autre fois vous ne me payeriez plus, répondit André.

— Eh bien! maintenant, les noms!

— Les trois principaux sont Lioris, Ripeaut de Monteaudevert et Karnac.

— Trois capitaines corsaires ! s'écria Rawlow en bondissant sur son siége.

— Comme vous le dites.

— Ils étaient sur le Britannia ?

— Oui.

— Mais je n'ai pas leurs noms sur les rôles.

— Parbleu ! Ils n'ont pas été assez bêtes pour les dire ! Ils se sont fait inscrire sous les noms de simples matelots pour mieux cacher leur importance.

— Pourquoi ne m'avoir pas prévenu plus tôt.

— Je n'ai appris leur véritable personnalité que ce soir.

— Bien, très-bien ! Comptez sur la reconnaissance du gouvernement ! Trois capitaines corsaires ! » répéta Rawlow en pensant à la considération qui allait rejaillir sur lui auprès du transport-office, vis-à-vis duquel il comptait bien faire valoir hautement cette révélation qu'il donnerait comme le résultat de sa profonde sagacité, et la preuve de sa vigilance incomparable à laquelle rien ne pouvait échapper.

Quant à André il avait, sans plus de cérémonies, empoché les vingt livres.

« Et ces hommes doivent s'enfuir? reprit Rawlow.

— Accompagnés de trois autres, répondit André.

— Quand cela?

— Cette nuit.

— Cette nuit? s'écria l'Anglais. Cette nuit, vous en êtes sûr?

— Très-sûr.

— Et vous me donnez cet avis aussi tard.

— Je ne pouvais pas vous le donner avant de connaître les choses.

— Mais puisque, m'avez-vous dit, vous faisiez partie du complot!

— Cela est vrai ; mais je n'étais pas l'un des chefs, et je ne savais rien de positif sur ceux-ci. Ce soir seulement j'ai eu le mot de l'énigme, et j'ai prévenu Péters. Si vous ne m'aviez pas interrompu, il y a longtemps que vous sauriez tout.

— Mais, enfin, il est temps encore.

— Ma foi, je l'ignore.

— Comment? A quelle heure devait avoir lieu l'évasion?

— Quelle heure est-il? »

Rawlow tira sa montre.

« Minuit! dit-il.

— Minuit? répéta tranquillement André. Eh bien! ils partent en ce moment. »

Le commandant donna un formidable coup de poing sur la table, et laissa échapper un horrible blasphème.

Ses lèvres crispées, ses narines ouvertes, son regard fixe, indiquaient la tension extraordinaire de son esprit.

« Bah! continua André avec indifférence, dépêchez-vous. Peut-être arriverez-vous encore à temps. Et puis, dans tous les cas, vous voilà averti; vous pourrez les repêcher.

— Peters! Peters! » hurla Rawlow en se précipitant vers la porte.

Puis, comme le caporal ne répondit pas immédiatement, il s'élança au dehors.

Demeuré seul, André lança autour de lui un rapide coup d'œil.

Sa physionomie resplendissait d'audace et d'intelligence.

D'un bond il fut près du bureau ouvert.

Là, prenant un morceau de papier et un crayon, il traça rapidement quelques lignes, rejeta le crayon, et mit le papier roulé en boule dans la paume de sa main puissante.

Un petit poignard se trouvait sur le bureau.

André s'en saisit et l'enfouit dans la poche de sa veste.

Cela fait il attendit.

Rawlow rentrait suivi de Peters.

« Retournez à bord avec André, dit rapidement l'officier anglais. Donnez l'éveil ! Des prisonniers viennent de s'échapper. Que l'on mette toutes les embarcations à la mer ; que l'on fasse des signaux à la ligne des pontons ! Je vais à l'arsenal faire tirer le coup de canon d'alarme. Allez, allez, je serai à bord presque en même temps que vous ! En attendant, que l'on procède au comptage pour s'assurer du nombre des absents ! Ah ! les rascals ! »

Et Rawlow, saisissant son chapeau et son manteau, se précipita vers la porte de sa maison qu'il franchit sans même apercevoir le corps de la malheureuse Marthe qui gisait, toujours sans mouvement, sur le pavé humide de la rue.

André suivit Peters.

Quatre soldats, qui avaient servi d'escorte à l'espion, attendaient au dehors.

Le caporal descendit le premier les trois

marches formant perron devant la porte d'entrée de la maison.

Sans doute l'obscurité ne permit pas à André de distinguer les degrés ; car, à peine eut-il atteint le premier, qu'il trébucha, fit un vain effort pour se retenir, et, perdant l'équilibre, tomba la face en avant.

Dans sa chute, l'espion roula si près de Marthe, qu'involontairement, croyons-nous, la main d'André saisit l'une de celles de la jeune femme.

Le prisonnier français se redressa aussitôt et prit de lui-même sa place au milieu des soldats anglais.

La petite troupe, conduite par Peters, se dirigea au pas de course vers le port.

Quant à Rawlow, il atteignait en ce moment l'arsenal.

Soit que la fraîcheur de la nuit et l'humidité de la rue produisissent leur effet, soit que la commotion produite par la chute d'André eût ranimé la jeune femme, à peine les soldats eurent-ils disparu que Marthe fit un léger mouvement.

Ses grands yeux ouverts parcoururent lentement l'endroit où elle se trouvait, puis la conscience de sa situation lui revenant à l'esprit, elle se releva vivement en étouffant un sanglot.

Marthe porta la main droite à son front brûlant, mais elle ne l'avait pas effleuré de ses doigts, qu'elle la retira brusquement.

La jeune femme avait senti le contact d'un papier enfermé dans sa main fiévreuse.

Surprise et croyant rêver encore, elle déploya le mystérieux billet.

Quelques lignes y étaient tracées, mais l'obscurité empêchait de les lire.

Marthe s'approcha d'une lanterne qui éclairait la rue déserte.

Tout à coup, après avoir jeté les yeux sur le papier écrit, elle poussa un cri de joie : son visage s'illumina d'une subite espérance, elle chancela et mit la main sur son cœur, comme pour en comprimer les battements.

Puis, prenant sa course, elle disparut comme une folle dans la direction du faubourg de Southsea.

En ce moment même retentit le coup de canon qui avait si fort épouvanté Lacousinerie et ses amis, et presque aussitôt la rade et le port s'illuminèrent de ces mille feux qui, aperçus par les Français à travers les fentes des mantelets, leur avaient appris la découverte du complot et les dangers que couraient les six intrépides marins.

IX

Les flots de vase.

Lorsque les fugitifs, après être successivement passés par l'étroite ouverture creusée dans la muraille du Britannia, se laissèrent glisser dans la mer, Ripeaut de Monteaudevert en tête, ainsi que se le rappelle sans doute le lecteur, l'impression de froid causée par le contact glacial de l'eau paralysa leurs forces durant quelques mortelles secondes d'angoisse.

Cette impression fut même tellement vive, en dépit de l'enduit graisseux dont ils avaient eu soin d'oindre leurs corps, que chacun d'eux put craindre un moment de ne pouvoir nager et de couler bas sous la cale même du ponton.

Cependant la conscience du danger, l'énergie de leur courage, le sentiment de la conservation leur firent tenter un effort salutaire, et ils reconquirent bientôt la liberté de leurs mouvements.

Ripeaut et Gatifet, familiarisés depuis quinze jours avec ce genre d'expédition, devaient naturellement moins souffrir.

Aussi Ripeaut, une fois rejoint par Bléas, Karnac et Bertrand le maître d'équipage, dirigea-t-il le petit convoi vers le deuxième îlot de vase, se fiant à Gatifet pour accompagner Lioris.

On sait que la mise à l'eau de Lioris fut retardée et qu'au moment où, les épaules déchirées par le clou fatalement placé près de l'ouverture, le corsaire s'affalait à l'eau, le bruit de sa chute éveilla l'attention de la sentinelle.

Le terrible « whose stere, » qui avait foudroyé les conjurés demeurés à bord du ponton, vint frapper de stupeur ceux qui nageaient vers les îlots.

« Nous sommes découverts! dit Bléas, nageons vivement.

— Non! non! répondit Ripeaut, faisons la planche et attendons! Lioris et Gatifet peuvent avoir besoin de nous.

— Fausse alarme! fit observer Karnac, si l'Anglais avait vu quelque chose, il aurait fait feu. »

En ce moment l'eau, soulevée à quelque distance, laissa apparaître la tête d'un homme.

Cet homme était Lioris.

« En route! dit Ripeaut après avoir reconnu le corsaire, Gatifet connaît le chemin. Dirigez-vous tous sur moi, car par l'obscurité qu'il fait, vous seriez incapables de trouver l'îlot. »

Les cinq nageurs, redoublant d'énergie et de vigueur, avancèrent alors en petite troupe, pleins de confiance dans la réussite de leurs projets.

Bientôt le lieu du rendez-vous leur montra sa masse noire sur laquelle passaient les vagues, car en ce moment la mer était haute.

Tout à coup, une courte lueur brilla du

côté de Portsmouth, suivie aussitôt d'une formidable détonation.

« Qu'est-ce cela ? s'écria Bléas.

— C'est le canon qui révèle notre évasion, répondit Lioris.

— Oui, ajouta Karnac, voici les pontons qui s'éclairent, le doute n'est plus permis, nous allons être chassés.

— Tonnerre ! dit Ripeaut, où donc est Gatifet ?

— Me voilà, capitaine ! répondit le Breton qui rejoignait au même instant ses compagnons de danger, mais, pour Dieu ! gagnons l'îlot, sans quoi nous sommes perdus ! Ne voyez-vous pas les canots qui quittent le port ? »

Les nageurs, en effet, aperçurent du côté de Portsmouth des embarcations portant des torches allumées et qui semblaient se diriger en toute hâte vers les pontons, et par conséquent vers eux.

En quelques brasses ils atteignirent l'îlot.

« Ne sortez pas de la mer, dit vivement Gatifet, la blancheur de nos corps tranchant sur la teinte noire de la vase, nous ferait immédiatement découvrir. »

Les conjurés, comprenant la justesse de

cette observation, continuèrent à nager pour se maintenir sur l'eau sans bouger de place.

Seulement, se rapprochant de façon à former un cercle, ils s'apprêtèrent à tenir conseil.

Le péril était imminent.

De minute en minute la mer se couvrait de barques, de canots, de yoles, de toutes sortes d'embarcations enfin, lancées à la poursuite des fugitifs.

La lueur répandue par les feux des pontons et les torches des chaloupes augmentait encore l'intensité du danger.

Chacun des six Français émettait son avis, mais malheureusement aucun de ces avis donnés à la hâte ne paraissait praticable et ne conjurait pas l'extrême péril qui les menaçait.

Enfin, on allait arrêter que deux d'entre eux devaient se sacrifier à la sûreté des quatre autres, lorsque Gatifet s'emparant brusquement de la parole :

« Vous êtes tous mes chefs, dit-il rapidement, mais si, à cette heure, vous voulez tous m'obéir, je réponds de nous six, sans qu'il soit besoin d'en sacrifier un seul.

— Parle vite ! répondit Lioris ; il n'y a ici

ni chefs, ni matelots. Il n'y a que des hommes égaux devant le danger. Ainsi commande, nous t'obéirons.

— Eh bien ! reprit Gatifet, que l'un de vous approche de moi. Je suis à portée de la vase, je lui en enduirai le corps ; de cette façon, il pourra monter sur l'îlot sans qu'on le distingue. »

Bléas se précipita aussitôt sans répondre.

Gatifet lui enduisit d'abord les épaules de la matière noire et gluante, puis à mesure que le corps de l'enseigne disparaissait sous cette couche protectrice, Gatifet le faisait avancer à plat ventre sur l'îlot.

Bientôt Bléas, noir des pieds à la tête, ne se distingua plus du banc sur lequel il rampait, et dont il paraissait faire partie intégrante.

« A deux autres, dit Gatifet ; Bléas en prendra un. »

Dix minutes après, les fugitifs, à demi enfouis sous la vase que Gatifet et Bléas avaient jeté sur le corps de chacun d'eux, depuis l'extrémité des pieds jusqu'au sommet de la tête, demeuraient immobiles et presque invisibles.

Les yeux et la bouche étaient seuls à découvert.

Il était temps que cette précaution fût prise, car un canot chargé de soldats et suivi de deux autres embarcations vint explorer les îlots.

Après avoir fait le tour du premier, qu'elle éclaira de ses torches, la petite flottille se dirigea vers le second.

Malgré le froid qui engourdissait leurs corps, les Bretons sentirent une sueur perler par les pores de la peau, et un même frisson les fit tressaillir. Couchés à plat ventre sur l'îlot dans lequel ils disparaissaient, ils fermèrent les yeux, retinrent leur respiration et s'enfoncèrent la tête entière dans la vase liquide.

« Avant partout ! » commanda aux canotiers l'officier qui dirigeait l'exploration, en ne voyant rien qui attirât son attention.

Les trois embarcations s'éloignèrent.

« Sauvés ! murmura Bléas.

— Pas encore, dit Lioris, voici d'autres canots. »

En effet, durant l'espace d'environ une heure, les chaloupes se succédèrent autour de l'îlot qui contenait les fugitifs.

Bientôt la position devint intolérable pour les malheureux Français.

Glacés par le froid qui les mordait jusqu'aux os, leurs membres se paralysaient et leur refusaient tout secours.

Lioris surtout souffrait atrocement.

Sa blessure lui causait des douleurs aiguës dont la force était telle que deux fois il faillit s'évanouir.

Bléas et Ripeaut de Monteaudevert avaient les dents si fortement serrées par la contraction des mâchoires, qu'il leur était impossible de parler.

Karnac et Bertrand n'étaient pas en meilleur état.

Gatifet seul avait conservé une partie de ses forces.

« Je n'en puis plus, dit Lioris, mieux vaut mourir que de souffrir ainsi! Aide-moi à gagner la mer, Gatifet, je me laisserai couler.

— Le fait est, ajouta Karnac, que si ce supplice se prolonge, dans une demi-heure nous serons tous à l'agonie, et ce banc de vase nous servira de tombe!

— Du courage, dit l'ancien compagnon de Surcouf, et attendez-moi une seconde! »

Gatifet, rampant alors sur la vase, gagna l'endroit où était fixé le bout de vergue qui retenait le canot et le sac.

Hissant lentement ce dernier, il l'ouvrit et en tira la bouteille de rhum qu'il rapporta à ses amis.

Une gorgée de la liqueur leur rendit à chacun le courage et la force.

« Gatifet nous aura sauvés deux fois ! dit Bléas en serrant avec reconnaissance la main du matelot.

— Quand nous serons à trois, nous ferons une croix ! répliqua gaiement Ripeaut de Monteaudevert. Voyons ! les chaloupes anglaises nous laissent tranquilles.... qu'est-ce que nous allons faire ? Dans quelques heures le jour va venir et nous serons pris ici comme dans un baquet.

— Cependant, répondit Karnac, il faut attendre. Voyez ! les Anglais se sont éloignés de nous, il est vrai, mais ils cherchent toujours. La rade et le port sont encore éclairés. Pourvu que Surcouf ne se soit pas laissé surprendre ! »

A cette pensée, qui n'était pas encore venue à l'esprit des fugitifs, tous pâlirent affreusement.

Un moment ils oublièrent leurs propres maux, pour songer à l'ami commun qui risquait sa vie et sa liberté dans l'unique but de les arracher des pontons.

« Surcouf pris par les Anglais ! dit brusquement Gatifet, allons donc ! est-ce que c'est possible. Il prendrait plutôt l'Angleterre à lui tout seul ! »

La confiance du matelot dans son ancien chef dissipa passagèrement les craintes des prisonniers.

Ils en revinrent à leur atroce situation.

« Rester ici est impossible, dit Lioris, le froid nous tuera !

— Eh bien, dit résolûment Gatifet, reprenons la mer alors. Seulement mettons le canot à l'eau.

— Je vais t'aider, ajouta Ripeaut de Monteaudevert.

— Et moi aussi, dit Bléas.

— D'autant qu'il me pousse une fière idée ! » fit Gatifet, qui décidément se trouvait en veine.

X

Le comptage.

Tandis que Gatifet et ses compagnons, transis de froid, harassés de fatigue, à demi enfouis dans le sol humide, flasque et mouvant, sur lequel ils ne se soutenaient qu'à l'aide de puissants efforts, ne perdaient pas courage cependant et s'apprêtaient à lutter jusqu'à complet épuisement, pour ne pas retomber aux mains de leurs geôliers, une scène d'un autre genre avait lieu à bord du ponton le Britannia.

Rawlow, après avoir donné l'alarme aux officiers de l'arsenal, s'était empressé de se jeter lui-même dans un canot et de procéder à la recherche des prisonniers évadés.

Grâce à l'heureux expédient proposé par le mari de Marthe, les îlots, nous le savons, avaient été explorés en vain.

D'un autre côté, les sentinelles espacées sur la côte et les patrouilles qui avaient parcouru rapidement et minutieusement les environs de Portsmouth, ayant déclaré n'avoir rencontré aucun indice du passage des fugitifs, une partie des canots s'était enfoncée dans la baie et l'autre s'était dirigée vers Gosport.

Les Anglais cependant avaient peine à admettre que les prisonniers eussent suivi cette route qui les exposait soit à tomber dans le port où ils eussent facilement été découverts et repris, soit à affronter plusieurs heures de nage pour gagner la terre.

Aussi une subite espérance rentra-t-elle dans l'esprit de Rawlow.

« Peut-être l'évasion n'a-t-elle pas eu lieu ! » se dit-il.

Cette pensée communiquée à ses chefs et aux autres commandants des pontons, il s'empressa de se diriger vers son bord afin de procéder immédiatement au comptage des prisonniers.

Cette opération devait effectivement lui faire connaître la vérité.

Il fut décidé que les sentinelles et les patrouilles veilleraient activement sur les côtes, et que les chaloupes formeraient une ligne entre Gosport et Portsmouth, jusqu'à l'heure où le résultat du comptage établirait nettement la situation.

Ce fut donc grâce à cette décision que les Français cachés sur le banc de vase, obtinrent un moment de répit.

Mais leur position ne s'était pas pour cela beaucoup améliorée.

La double ligne des canots et des soldats de terre les enfermait dans un cercle lumineux qu'il leur semblait impossible de franchir pour aller trouver Surcouf à l'endroit désigné, ou pour se mettre à l'abri sur les côtes.

Dans la batterie du Britannia, les autres conjurés ne subissaient pas une torture morale moins grande.

Collés contre les sabords, laissant filtrer leurs regards au travers des fentes des mantelets, ils suivaient avec angoisse la marche des embarcations anglaises.

A tous moments ils s'attendaient à entendre soit un feu de peloton, soit les cris victorieux des chasseurs ayant trouvé leurs proies.

Cependant les feux des chaloupes se croisaient incessamment sur la rade, et rien ne faisait supposer que les recherches des Anglais fussent fructueuses.

Au bout d'une demi-heure, l'espérance revenant peu à peu au cœur des Bretons, une réaction s'opéra dans l'âme de Lacousinnerie et de ses compagnons.

Emportés par l'admiration que leur causaient le courage, la ruse et l'audace dont devaient faire preuve les évadés pour se soustraire ainsi à la poursuite des geôliers, ils éclatèrent en trépignements de joie et en cris frénétiques.

Les autres prisonniers, comprenant facilement ce qui se passait, firent chorus avec eux.

Tous ces hommes, fiers de l'heureuse témérité de leurs compatriotes, oubliaient leurs misères et leurs propres souffrances pour ne songer qu'au danger qui menaçait les hardis fugitifs.

Aussi, chaque canot anglais rasant les flancs du ponton se voyait-il assailli par des bordées de sifflets et des applaudissements railleurs.

A l'arrivée de Rawlow sur le Britannia, l'explosion fut telle que le commandant, assourdi, blémissant de rage et de fureur, se retint à un bordage pour ne pas tomber.

Des menaces incohérentes, des insultes hideuses sortaient de ses lèvres décolorées.

« Le comptage ! le comptage ! s'écria-t-il enfin en se sentant aveuglé par la colère. Faites monter ces chiens sur le pont.... à coups de crosses ! à coups de crosses ! »

Les soldats anglais se précipitèrent dans la batterie, heureux de cet ordre qui leur permettait de faire preuve de leur brutalité ordinaire.

Bientôt tous les prisonniers, chassés sur le pont, furent entassés et resserrés dans un espace tellement étroit, que des cris de douleur et de détresse se firent entendre de tous les côtés.

Les Français, environnés d'un demi-cercle de baïonnettes qui les repoussaient contre les bastingages, furent promptement obligés de soulever que'ques-uns des leurs qui, à moitié étranglés et asphyxiés par cette pression trop forte, fussent morts si on n'était venu à leur secours.

L'opération du comptage commença sans plus tarder.

Les prisonniers défilaient devant les soldats et rentraient dans la batterie par l'écoutille.

Quatre sergents comptaient à haute voix par chaque Français descendant l'escalier.

Cependant, la masse confuse et compacte que présentait les malheureux (ils étaient plus de huit cents) offrait une grande difficulté aux Anglais en raison de l'obscurité de la nuit mal combattue par les fanaux.

Aussi ne doit-on pas s'étonner si leur première opération ne présenta pas un résultat satisfaisant. Les compteurs constatèrent que douze prisonniers manquaient.

Il serait impossible de peindre la fureur que le capitaine Rawlow ressentit à cette nouvelle.

« Douze rascals de moins ! s'écria-t-il en devenant violet de rage, de blême qu'il était auparavant. Cela ne se peut pas ! Recommencez ! »

Le turnky avait une telle hâte de retrouver son nombre intact de victimes, qu'il se mit à presser la nouvelle manœuvre, en gourmandant vivement les sergents qui en étaient chargés.

Les pauvres sous-officiers, ahuris par les injures que leur prodiguait leur aimable chef, mirent une plus grande précipitation encore à exécuter le comptage pour se debarrasser plus vite des encouragements par trop puissants que leur donnait Rawlow.

Cette fois, leur erreur fut plus considérable encore.

Le chiffre des manquants monta à dix-sept.

Rawlow était littéralement ivre de colère ; il écumait.

« God bless me ! hurla-t-il en jetant violemment son chapeau sur le pont. Ces brutes de subordonnés ne sont bons qu'a embrouiller les choses. Allons, messieurs, continua-t-il en se retournant vers le lieutenant en second et vers les masters, comptons nous-mêmes ! »

Les soldats firent remonter les prisonniers.

La pluie tombait alors plus fine et plus serrée ; le froid était extrême ; et les Français, mal défendus contre les intempéries de l'air par les haillons qui les couvraient, supportaient un véritable supplice.

Mais la joie de voir leurs ennemis irrités et inquiets leur donnait un courage stoïque.

Rawlow et le lieutenant Christy s'étaient placés à la tête de l'escalier.

Cette dernière opération menaçait donc d'être conduite à bonne fin.

L'un des premiers qui défila devant le turnky et son aide fut Lacousinnerie.

Ses Bretons le suivaient.

Arrivé dans la batterie, le capitaine corsaire laissa échapper un énergique juron.

— Tonnerre ! s'écria-t-il, jusqu'ici le hasard et la bêtise des sergents nous ont protégés, mais ce brigand de Rawlow comptera juste, lui, et l'on s'apercevra du nombre exact des absents ! Ah ! si nous pouvions parvenir à le tromper encore, à embrouiller les comptes ! Cela donnerait du temps à nos amis. En voyant l'inutilité de leurs recherches, les Anglais se relâcheraient de leur surveillance et les nôtres seraient sauvés ! Mais que faire pour cela ? »

En effet, la batterie ne communiquait avec le pont que par l'escalier de l'écoutille, et il était impossible de prévenir ceux qui n'étaient pas encore descendus.

D'eux seuls, cependant, dépendait la réussite du comptage.

Déjà plus de cent cinquante prisonniers avaient regagné la batterie ou le faux-pont.

L'opération avançait activement.

On entendait la voix rauque et farouche du commandant appeler le nombre des Français passant sous ses yeux.

Lacousinnerie se frappait le front, et essayait d'en faire jaillir l'idée rebelle.

Tout à coup, parmi les prisonniers descendant l'escalier, apparut André.

A sa vue, le corsaire sentit la fureur allumer son sang et le précipiter vers le cerveau.

Convaincu que le matelot avait trahi les conjurés, il s'élança sur lui avec la rapidité du jaguar.

Ses yeux étincelants exprimaient si bien ce qui se passait en lui, qu'André devina tout.

Mais au lieu de fuir, au lieu de chercher à éviter la terrible accusation qu'allait évidemment prononcer le corsaire, André se jeta sur lui, et, lui saisissant les mains avec une puissance musculaire telle qu'il cloua Lacousinnerie sur place :

« Pas un mot ! dit-il d'une voix étrangement impérieuse. Silence ! il faut les sauver ! »

Alors entraînant le corsaire, qui n'avait pas eu le temps de répondre, il le conduisit à l'extrémité de la batterie.

« Ouvrez la communication avec le faux-pont, continua-t-il rapidement en s'adressant aux autres prisonniers ; faites monter ceux qui s'y trouvent et aidez-moi ! »

Lacousinnerie, stupéfait, regarda André.

« Ce n'est pas ta voix ordinaire ! s'écria-t-il.

— Silence ! donc, » ordonna l'étrange matelot.

Et, faisant courber en deux l'un de ses compagnons, il monta sur son dos pour atteindre le plafond de la batterie.

Puis, attirant à lui une planche mobile, lourde au point que trois hommes d'une force raisonnable eussent eu de la peine à la soulever, il mit à jour une ouverture que n'avait jamais soupçonnée aucun des assistants.

Cette ouverture communiquait avec le pont.

« Vite ! dit-il, que la moitié d'entre vous grimpe par là et se fasse compter une seconde fois. »

Les prisonniers, enchantés du tour qu'ils allaient jouer aux Anglais, se précipitèrent avec un empressement qui tenait du délire. Quant à Lacousinnerie, devenant subitement étranger à ce qui se passait, il s'était reculé en portant la main à son front comme pour concentrer ses souvenirs, et son regard ne quittait pas André.

Il ne reconnaissait plus le matelot taciturne dont il avait soupçonné la fidélité.

X

Le comptage.

(SUITE.)

Les Français montaient toujours, se succédant les uns aux autres. Le trou était percé au-dessus de la soute aux ustensiles, et au-dessous des cuisines, endroits où les Anglais ne pénétraient pas une fois par mois.

Dès lors, rien de plus facile que de communiquer du faux-pont avec la batterie, et de la batterie avec le tillac.

« Comprenez-vous ? disait André dont les yeux avaient des reflets fauves. De cette façon, les premiers descendus remonteront à leur aise et compléteront, aux yeux des geôliers, le nombre des prisonniers évadés.... Ils en trouveront plus même si nous voulons, et nous pourrons ainsi prolonger le comptage autant qu'il nous sera agréable d'augmenter la rage de nos ennemis ! »

Effectivement, l'action démontra bientôt la véracité de l'explication donnée par André.

La trappe, fonctionnant avec énergie, fit trouver à Rawlow quatre-vingts prisonniers de trop.

Les petits yeux ronds du turnky offraient une expression d'étonnement si hautement comique, qu'un rire immense, homérique, s'empara de ceux des prisonniers qui étaient à même d'examiner Rawlow.

Une nuée de sifflets compléta la raillerie.

Un moment les Français purent croire que le commandant allait succomber à une attaque d'apoplexie foudroyante.

Il ne pouvait plus parler.

« Encore ! encore ! murmura-t-il en arrachant les boutons de son uniforme qui l'étouffait. Recommençons! »

Grâce aux trous secrets, il eût été facile aux prisonniers de faire retrouver au capitaine du Britannia son nombre exact de pensionnaires; en agissant ainsi, il leur eût été permis de regagner paisiblement la batterie, et d'éviter le froid intense qui les glaçait sur le pont; mais les malheureux avaient soif de vengeance, et, mettant au-dessus de leurs douleurs l'ivresse de pouvoir exaspérer leur bourreau, ils résolurent de pousser la plaisanterie aussi loin que possible.

A cette quatrième tournée, Rawlow constata près de deux cents hommes en moins.

Hors de lui, ne sachant s'il était éveillé ou s'il ne subissait pas un horrible cauchemar, il se démenait comme un diable sur le pont.

Jurant après son équipage, le frappant, le harcelant, il ne savait plus où donner de la tête.

Le fait est qu'il y avait pour lui de quoi douter de sa raison.

Peters s'approcha tortueusement de son chef.

« Le capitaine veut-il permettre que je

lui dise un mot? demanda le caporal sans oublier de saluer militairement.

— Parlez ! répondit Rawlow d'une voix brève.

— Je propose au capitaine de cesser le comptage durant une heure ou deux.

— Cesser le comptage ! s'écria le commandant. Et pourquoi?

— Mais, capitaine, de deux choses l'une: ou les prisonniers se sont évadés, ou ils sont encore à bord. S'ils ont quitté le ponton, la ligne des canots et celle des sentinelles leur interdisant de gagner la terre, il se noieront incontestablement durant le temps que vous vous reposerez. Si, au contraire, l'évasion n'a pas eu lieu, en laissant ces rascals sur le pont par le froid et la pluie, pendant une heure ou deux, nous les punirons de leur insolence.

— C'est une idée ! dit Rawlow. Vous avez raison ! Allons, faites remonter ces chiens, et qu'ils gèlent un peu pour se rafraîchir la gorge. »

L'ordre fut exécuté de nouveau.

Les Français virent recommencer leur supplice, et le ciel lui-même sembla vouloir seconder l'inhumanité des geôliers.

A peine Rawlow et son état-major se furent-ils retirés dans leurs cabines, qu'une neige abondante tomba sur les prisonniers qu'elle couvrit bientôt de son blanc linceul.

Rentrer dans l'intérieur du bâtiment par le trou ne leur était plus possible : la porte de la batterie était ouverte et un peloton de soldats, veillant au pied de l'escalier, ne permettait aucune tentative de descente sans risquer de faire découvrir la trappe.

A la neige succéda une grêle glaciale.

La situation des prisonniers devenait mortelle.

Plusieurs, vaincus par le froid qui les engourdissait, perdirent entièrement connaissance.

Pressés les uns contre les autres, ils essayaient d'opposer la chaleur développée par la masse de leurs corps au froid qui les pénétrait et que rendaient plus insupportable la grêle et la neige.

Enfin, après deux cruelles heures, la vue de Rawlow, apparaissant sur le pont, vint ranimer les Français.

Le comptage recommença.

Mais, cette fois, le résultat obtenu donna un chiffre tellement bizarre, qu'une sorte de crainte superstitieuse s'empara des soldats et des sous-officiers.

L'exaspération du commandant était à son comble.

Malgré leurs souffrances, les prisonniers éclatèrent encore en cris, en bravos et en sifflets.

« Faites rentrer ces chiens dans leurs chenils ! » balbutia Rawlow d'une voix étranglée par la rage.

Les soldats se jetèrent sur leurs victimes, et coups de crosses et coups de poings assaillirent les Français, poussés pêle-mêle sur les marches de l'escalier.

Deux ou trois tombèrent et furent foulés aux pieds.

En ce moment, un jeune novice bordelais, nommé Dulaure, se retourna vers un Anglais qui venait de lui asséner un coup de crosse dans les reins.

Le novice, furieux, leva la main sur le brutal soldat, mais un coup de baïonnette, qui lui traversa le corps, l'étendit sur le pont du Britannia.

Un immense cri d'indignation jaillit de toutes les poitrines.

C'était le caporal Peters qui venait de frapper le pauvre enfant.

« Ah ! ils se révoltent ! s'écria Rawlow heureux de pouvoir enfin assouvir sa haine. A vos armes ! soldats, et feu sur ces rascals s'ils font un pas en avant. »

Lacousinnerie et quelques autres officiers, effrayés du danger général, s'élancèrent entre les prisonniers et les Anglais.

« Prenez garde ! s'écrièrent-ils en s'adressant à leurs compatriotes. Vous allez tomber dans le piège qui vous est tendu ! Ne voyez-vous pas que cet infâme Rawlow ne désire rien tant que de pouvoir motiver ses cruautés par vos violences... Rentrez dans la batterie et soyez tranquilles ! Dulaure sera vengé ! »

Les Anglais avaient couché en joue les prisonniers.

D'un instant à l'autre, le massacre pouvait commencer.

Enfin, les Français, se rendant aux instances de leurs chefs, maîtrisant leur rage et baissant la tête, regagnèrent la batterie et le faux-pont.

Bientôt le silence se rétablit à bord du Britannia.

Les canots anglais étendaient toujours à l'horizon leur ligne lumineuse.

Lacousinnerie avait mal calculé en espérant que le temps apporté aux comptages successifs affaiblirait la surveillance exercée sur la mer et sur les côtes.

Loin de diminuer, cette surveillance paraissait, au contraire, redoubler de soins et d'ardeur.

En constatant cette triste vérité, les conjurés se sentirent saisis par un découragement effrayant.

« Jamais nos amis n'auront pu gagner la pointe de Gosport, disaient-ils. Ils se seront noyés ou ils seront morts de froid. Quand bien même il n'en serait pas ainsi, la fuite est impossible ; ils seraient repris ! Surcouf ne pourra attendre, il retournera en France et nous n'avons plus rien à espérer !

— Mais, s'écria l'un d'eux, ne nous vengerons-nous pas, au moins? Ne vengerons-nous pas Dulaure ? Ne punirons-nous pas le traître qui nous a livrés? car on nous a vendus lâchement, nous n'en pouvons douter !

— Oui ! oui ! on nous a vendus ! répétèrent les autres.

— Je le crois, répondit Lacousinnerie que

les conjurés avaient tacitement reconnu pour chef ; mais ce traître, quel est-il ? »

Les soupçons que Ripeaut avait fait naître dans l'âme du corsaire avaient presque disparu.

La conduite d'André durant le comptage les avait complètement dissipés.

Et cependant, l'étrange matelot était de nouveau devenu invisible depuis la rentrée des prisonniers dans la batterie.

Où était-il ? Que pouvait-il faire ?

Lacousinnerie se le demandait en vain : la raison lui ordonnait de douter, et il ne le pouvait plus.

Évidemment, la transfiguration qu'avait subie André au moment où il donnait le moyen de tromper les Anglais, avait profondément frappé l'esprit de Lacousinnerie.

Une pensée tenace ne quittait pas le cerveau du corsaire, mais cette pensée était probablement invraisemblable, car il secouait de temps à autre sa tête intelligente en murmurant :

« C'est impossible ! »

Lacousinnerie, dans son agitation, s'était approché de la soute aux ustensiles.

Appuyé contre la porte, il rêvait silencieusement, lorsque cette porte s'entr'ouvrit doucement et une main se posa discrètement sur son épaule.

Le corsaire se retourna.

André était en face de lui.

« Viens ! » dit le matelot en l'attirant du geste.

Lacousinnerie obéit. Il pénétra dans la soute et, toujours conduit par André, il passa, à l'aide du trou pratiqué dans le plafond, dans les cuisines désertes.

Ces cuisines, situées à babord sur le pont, possédaient des fenêtres grillées donnant sur la baie.

On entendait distinctement les pas lourds des sentinelles se promenant sur le tillac.

« Regarde ! » dit André en baissant la voix et en désignant à son compagnon la ligne des chaloupes anglaises placées en face même de Gosport.

Une agitation singulière s'y faisait remarquer.

Tout à coup quatre embarcations se détachèrent de la flottille et semblèrent faire force de rames vers un point que l'obscurité empêchait de distinguer.

« Eh bien ! fit Lacousinnerie qui ne comprenait rien à cette manœuvre.

— Écoute, répondit André, tout à l'heure deux canots se sont abordés. L'un a volontairement coulé l'autre, j'en réponds, j'en suis sûr, puis, ce canot a traversé la ligne et a éteint ses feux. Alors, ainsi que tu viens de le voir, les Anglais se sont mis à sa poursuite. Eh bien, je te dis que ce canot emportait nos amis. Maintenant, ils sont sauvés ou perdus réellement! Quant à moi, je crois qu'ils sont sauvés.... mais je n'ose l'affirmer.

— Dieu t'entende ! » dit Lacousinnerie.

Puis, après quelques minutes pendant lesquelles le corsaire fixa ses yeux ardents sur son interlocuteur :

« Sois franc ! fit-il brusquement. Tu ne te nommes pas André !... tu t'appelles....

— Tais-toi ! interrompit le matelot ; tais-toi.... Je me nomme André ! »

Il y avait une telle autorité dans l'accent du Breton, que Lacousinnerie s'arrêta et que le nom qu'il allait probablement prononcer expira sur ses lèvres.

Il se retourna et porta de nouveau toute son attention sur la mer.

Des signaux de nuit rapidement échangés

avaient sans doute averti les chaloupes de garde : car toute la petite flottille s'était mise en mouvement et, se ralliant aux quatre premiers canots, formait un demi-cercle en face de la côte.

Ce demi-cercle, qui allait toujours en se resserrant, enfermait dans sa courbe la pointe de Gosport.

Or, si le lecteur se souvient, c'était à la hauteur même de cette pointe que Surcouf devait attendre les prisonniers évadés.

XI

Les fugitifs.

Revenons maintenant à Ripeaut de Monteaudevert, à Lioris, à Gatifet, à Bléas, aux six Bretons enfin, que nous avons laissés sur l'îlot qui leur servait d'asile.

Gatifet, on se souvient, avait une idée nouvelle :

« Puisque nous devons forcément reprendre la mer, avait-il dit à ses compagnons, puisqu'il nous faut forcer la ligne des c anglais pour aller doubler la pointe de Gosport où nous attend Surcouf, eh bien! risquons le tout pour le tout, et ne nous quittons pas. »

Aidé de Bléas et de Ripeaut, l'intrépide marin avait tiré hors de l'eau l'embarcation légère qui devait leur être d'un grand secours.

Le canot mis à flot et débarrassé de son leste, Gatifet prit le câble qui l'amarrait au pieu, ainsi que la corde qui attachait le sac.

Les Bretons se frictionnèrent à l'aide de l'huile de baleine qui restait dans les bouteilles et achevèrent de vider le flacon de rhum.

Gatifet jeta le sac, et, prenant les deux cordages par le milieu de façon à ce qu'ils laissassent quatre bouts flottants, il les fixa de chaque côté du canot, deux à l'avant, deux à l'arrière.

« Comme cela, fit-il, tandis que deux d'entre nous se reposeront dans la barque, les quatre autres pourront se soutenir en tenant chacun un bout de corde, et nous voguerons tous les six ensemble. »

Cette invention approuvée par tous, on songea à se remettre à l'eau.

Lioris et Ripeaut s'affalèrent dans le léger canot et armèrent les avirons.

Gatifet et Bléas saisirent les cordes de babord, Gatifet à l'avant, Bléas à l'arrière. Karnac et Bertrand passèrent à tribord, et les uns ramant, les autres nageant, le petit convoi se dirigea silencieusement vers la pointe de Gosport dont la route lui était complètement coupée par les Anglais.

Au reste, bien d'autres périls menaçaient les marins avant qu'ils pussent affronter la ligne des chaloupes ennemies.

D'une part, il fallait éviter avec soin de passer en vue des pontons dont les sentinelles veillaient sur le tillac et sur les galeries extérieures.

D'autre part, les Bretons devaient longer toute la largeur de la baie et toute celle du port sans provoquer l'attention des navires au mouillage, dont les équipages, mis en émoi par ce qui se passait sur la mer, n'auraient pas manqué de signaler les prisonniers évadés, ou même de leur donner la chasse, s'ils les eussent aperçus, dans l'espoir d'une bonne récompense.

Enfin, des canots, portant des ordres, ou allant aux nouvelles, sillonnaient à toute minute la rade et la baie, et il fallait manœuvrer pour ne pas tomber dans leurs eaux éclairées par les torches fixées dans leurs bordages.

Toutes les chances semblaient donc être contre les fugitifs.

Cependant, forts de la confiance que chacun savait pouvoir avoir en son voisin, les Bretons avançaient doucement sous la protection de l'obscurité et sentaient leur énergie renaître en présence de l'imminence du danger.

Après une demi-heure d'efforts soutenus, d'audace, d'adresse et de bonheur, la petite troupe se trouva à une demi-portée de fusil des canots anglais, sur la lisière même de la zone éclairée par la clarté que projetaient les feux allumés à leurs bords.

L'instant était critique.

On ne pouvait raisonnablement espérer passer sans être vu.

En ce moment, une chaloupe qui, courant des bordées en tous sens, paraissait remplir les fonctions d'éclaireur, mit le cap dans la direction de l'endroit où s'étaient arrêtés les courageux Bretons.

Déjà l'on distinguait nettement l'uniforme

et la tenue roide et gourmée de l'officier qui se tenait assis à l'arrière, et qui, une longue-vue à la main, interrogeait la mer.

« Courons à tribord ! dit Lioris, ou nous sommes pris ! »

Mais une embarcation venant en sens contraire, coupa de ce côté encore la route aux prisonniers.

Cette embarcation, moins forte que la première, nageait plus rapidement.

Celle qui avait d'abord effrayé les Bretons était armée de seize avirons, mais ses canotiers, appuyant mollement sur les rames, ne la faisaient avancer que lentement.

« Nous aurons le temps de passer sous son avant, dit Ripeaut en virant de bord, l'autre nous gagne à vue d'œil. »

Les malheureux Français étaient pris entre deux feux.

Encore quelques minutes et les lumières des deux canots se rejoignant les mettaient à découvert.

Rassemblant leurs forces, ils s'avancèrent vigoureusement pour demeurer dans la zone obscure avant que le premier canot ne les eût ateints.

Malheureusement l'officier qui commandait celui-ci ordonna à ses rameurs de nager plus ferme.

Les seize avirons se dressèrent horizontalement, entrèrent en même temps dans la mer, et la chaloupe, poussée par ces puissants moteurs, prit un essor rapide.

« Nous sommes perdus ! séparons-nous ! Sauve qui peut ! s'écria Bléas en quittant la corde qu'il tenait de la main droite. »

Les trois autres nageurs voulurent imiter son exemple, mais il était trop tard.

Le canot anglais était sur eux.

Lioris et Ripeaut, abandonnant leurs rames, sautèrent à l'eau ensemble.

Les six Bretons plongèrent en même temps, mais leurs forces étaient épuisées.

Incapables de retenir longuement leur respiration, ils reparurent presque instantanément sur la mer.

Le second canot s'était rapproché, et Bléas et Gatifet se trouvaient à égale distance des deux embarcations anglaises.

Le premier canot leur avait tendu des gaffes, pendant que ses rameurs de l'autre bord saisissant les quatre autres fugitifs, les avaient déjà enlevés de la mer et jetés sous leurs bancs.

Bléas et Gatifet, plus forts ou moins épuisés que leurs compagnons, hésitèrent à prendre les perches de salut qui leur étaient présentées.

« Tonnerre de Brest! s'écria en excellent français une voix partie de la chaloupe anglaise. A bord donc, ou je ne réponds plus de vous!

— Surcouf! murmura Gatifet en se cramponnant à la gaffe. »

Et les deux Bretons, s'accrochant aux bordages, grimpèrent dans la chaloupe.

« Hourra! cria en même temps une voix anglaise partie de l'autre canot, vous avez les prisonniers!

— Avant partout, vous autres, et souquez ferme! Il faut couler ceux-là avant qu'ils ne puissent donner l'éveil! » dit à ses canotiers le hardi corsaire malouin, car c'était bien lui, c'était Surcouf qui, revêtu de l'uniforme d'officier anglais, comme ses hommes portaient celui des matelots de la Grande-Bretagne, était venu intrépidement, avec cette témérité qui lui était propre, chercher ses amis au milieu même de l'escadrille anglaise.

Comprenant l'importance de l'ordre donné par leur chef, les marins français se courbèrent sur leurs avirons, puis, le canot, enlevé avec une énergie que l'on ne peut décrire, bondit en avant, prit par le travers la chaloupe anglaise, brisa ses bordages sous la puissance donnée par l'impulsion à sa proue tranchante et passa littéralement dessus.

« Ne tue pas ! dit Surcouf en arrêtant deux de ses canotiers qui levaient leurs rames sur les Anglais tombés à l'eau, ne tue pas ! Avant qu'ils ne rallient les autres, nous aurons le temps de filer. La barre à tribord, patron ! Souquez les tribordais ! Maintenant de l'ensemble ! notre existence à tous est dans vos avirons, enfants ! »

Le canot, obéissant, s'inclina sur sa quille, vira de bord gracieusement et courut droit sur la ligne anglaise, qu'il s'apprêtait à traverser bravement.

Jusqu'alors pas un mot n'avait été échangé entre Surcouf et ceux qu'il venait de sauver d'une manière véritablement miraculeuse.

Gatifet avait saisi les mains nerveuses du corsaire et les pressait silencieusement sur ses lèvres.

Tous six, par un sentiment inexplicable,

gisaient à l'arrière du canot sans pouvoir prononcer une parole.

Tout à coup ils éclatèrent en sanglots.

C'était un spectacle touchant que celui de voir ces hommes aux physionomies bronzées, à l'énergie bien connue, au courage dont ils avaient donné de nombreuses et irrécusables preuves, ces hommes qui cent fois avaient parcouru le pont d'un navire la hache ou le sabre au poing, en se jouant de la mort, qui tout à l'heure encore luttaient sans faiblir contre le froid, l'eau, la fatigue et les périls, c'était un spectacle touchant, disons-nous, que de les voir agenouillés et pleurant comme des enfants ou comme des femmes.

Leur cœur, débordant de reconnaissance pour le ciel qui les avait sauvés, pour l'ami qui était venu à leur aide, se gonflait dans leur poitrine et ne leur permettait que les larmes pour exprimer leur gratitude.

Puis, debout au milieu d'eux, Surcouf, animant ses rameurs, semblait défier les dangers, et beau de cette beauté mâle et éclatante de l'homme dont le génie triomphant des obstacles vient d'accomplir une noble et sublime action.

Au premier rang des canotiers ramait Mal-en-train, le vieux maître d'équipage.

Ne pouvant quitter son aviron qu'il étreignait de ses mains calleuses, le brave marin se contentait de pousser rudement du pied son ami Gatifet, pour lui témoigner le plaisir qu'il avait à le revoir.

Enfin Ripeant de Monteaudevert, dominant le premier son émotion, se releva et se jeta au cou de Surcouf.

« Tu nous a sauvés! dit-il.

— Pas encore, répondit le Malouin. Il faut échapper tous aux griffes des Anglais.

— Bah! fit Lioris ; si nous mourons, nous mourrons tous ensemble. Ça sera plus gai, et nous ne t'en aimerons pas moins.

— Mais dis-nous... commença Karnac.

— Rien! interrompit brusquement Surcouf. Je vous raconterai la chose quand nous serons en sûreté. Nous voici dans la ligne des canots. Ne bougez plus et laissez-moi faire. »

En effet, l'embarcation, entrant en pleine lumière, rejoignit la flottille au milieu de laquelle, grâce à son travestissement et à celui de ses marins, Surcouf avait manœuvré librement une partie de la nuit.

« Oh ! du canot ! cria l'agent général du transport-office qui se trouvait dans une chaloupe voisine. Quoi de nouveau.

— Rien ! répondit Surcouf en excellent anglais.

— N'est-ce pas vous qui venez de couler l'embarcation de la Couronne ? continua l'agent d'une voix sévère.

— Oui, répondit encore Surcouf ; elle a manqué à virer et s'est jetée sur moi.

— C'est votre manœuvre, au contraire, qui nous a paru fausse.

— Elle ne l'était pourtant pas ! fit le corsaire en souriant.

— Il fallait sauver les hommes, monsieur ! dit l'agent, qui avait rang de capitaine de vaisseau. J'ai été obligé d'envoyer d'ici à leur secours. Votre conduite est inqualifiable ! A quel bord appartenez-vous ?

— Au mien ! répondit Surcouf.

— Plaît-il ? fit l'Anglais étonné.

— Bonsoir ! cria le Malouin. Les prisonniers sont retrouvés ! Enfoncés les Anglais ! ajouta-t-il en français ; la ligne est forcée ! »

Effectivement le canot, laissant derrière lui les chaloupes anglaises, courait vers la pointe de Gosport en éteignant ses feux.

« Nous sommes joués ! s'écria l'officier anglais. Que l'on donne la chasse à ce canot. »

Ce fut alors qu'eut lieu la manœuvre que l'on avait pu parfaitement apercevoir du pont du Britannia.

Les Anglais, obéissant rapidement à l'ordre de l'agent général du dépôt, s'élancèrent dans le sillage de l'embarcation fugitive.

Mais l'obscurité rendait la chasse difficile, et les Français possédaient une énorme avance.

XII

La route de Gosport.

Laissant à la Providence et à l'habileté de Surcouf le soin de sauver l'embarcation poursuivie, nous allons prier le lecteur de retourner en arrière et de revenir avec nous sur la terre ferme, à l'heure où le coup de canon de l'arsenal vint donner l'alarme à la garnison de Portsmouth et aux pontons amarrés dans la baie.

Cette nécessité du romancier d'abandonner certains personnages pour en remettre d'autres en scène, et que Walter Scott nomme plaisamment : « l'art de relever les mailles, » nous contraint, pour la lucidité même de notre récit, à nous occuper présentement de la pauvre Marthe, que nous avons laissée sur le chemin de Southsea, bouleversée par la lecture du papier qu'elle avait trouvé dans sa main fiévreuse, et courant comme une folle vers la haute ville.

Ainsi que le dit la ballade écossaise :

Lugubre et noire était la nuit,
La route était triste et déserte
Lorsque, mettant sa mante verte
Jeanne à Miles'Cross se rendit.

Marthe n'avait pas l'ombre d'une mante verte ou même de toute autre nuance pour s'abriter contre le froid et la pluie ; mais, comme Jeanne, elle courait, haletante et exténuée, effleurant à peine le sol fangeux de son pied léger.

Elle traversa en entier la ville et le faubourg sans reprendre haleine.

Bientôt elle se trouva en face des vertes campagnes de Portsea-Island, qui se déroulaient plates et désertes sous les nuages sombres qui les couvraient.

Marthe s'arrêta.

Profitant de la clarté produite par la dernière lanterne de la ville, elle ouvrit de nouveau le mystérieux billet, dont la première lecture lui avait donné une commotion telle qu'elle avait, dans le moment, oublié et l'abominable Rawlow et sa propre faiblesse physique, et ses souffrances morales.

Le papier, qu'elle déploya avidement, ne contenait que trois lignes; mais, dans la situation où était Marthe, ces trois lignes valaient à elles seules tout un long discours.

Voici ce qu'elles contenaient :

« Surcouf veille dans la baie !

« Gatifet s'est évadé cette nuit des pontons.

« Dans trois heures il sera à la pointe de Gosport. »

En lisant ces mots, Marthe, sans plus réfléchir, s'était élancée pour aller rejoindre celui qu'elle cherchait, et dont elle était séparée depuis si longtemps.

Mais, en parcourant une seconde fois le papier, qui lui était parvenu sans qu'elle pût se rendre compte du moyen employé par son correspondant inconnu, une pensée vint éteindre sa joie et raviver ses douleurs.

Si c'était un piège tendu par l'infâme capitaine du Britannia pour l'attirer hors de la ville?

Si ce billet était un leurre? Si ce qu'il contenait était faux?

Ne l'éloignait-on pas de son ma i, au lieu de l'en rapprocher?

Enfin, comment avait-on pu deviner et sa présence à Portsmouth et l'intérêt puissant qui l'y avait conduite?

Rawlow seul n'était-il pas capable d'exploiter les malheurs de la pauvre enfant, et d'abuser de la confiance qu'elle lui avait d'abord témoignée en lui révélant le nom de son mari et son espoir en Surcouf?

D'ailleurs aucun prisonnier français ne venait à terre, et qui donc, à Portsmouth, pouvait s'intéresser à elle?

La pauvre femme, se perdant en conjectures, ne savait si elle devait poursuivre sa route ou rentrer à Portsmouth.

Son anxiété était horrible, et le temps était précieux.

Il fallait prendre une détermination rapide.

Marthe, le front brûlant et les mains tremblantes, tournait et retournait le papier dans ses doigts effilés.

Tout à coup une sorte de hiéroglyphe placé dans un angle du billet et qu'elle n'avait pas encore aperçu, frappa ses regards. Elle approcha précipitamment le papier de ses yeux.

Ce signe, dont la vue avait si vivement attiré l'attention de la jeune Bretonne, consistait en une petite croix, dans les angles droits de laquelle la lettre M se trouvait quatre fois répétée.

« Lui ! s'écria Marthe en tressaillant. Il est ici ! à Portsmouth ! Oh ! mais nous sommes tous sauvés, alors ! Lui que l'on croyait mort depuis trois ans ! Lui et Surcouf ! car c'est bien lui ! Lui seul pouvait tracer ce signe, car lui seul l'a toujours employé pour se faire reconnaître ! Oh ! Dieu est bon ! il ne m'abandonne pas ! »

A cet instant le mouvement rapide d'une voiture venant de la campagne et se dirigeant vers la ville, retentit sur la grande route.

Presque aussitôt une calèche, enlevée vigoureusement par un magnifique attelage, apparut dans l'ombre et passa rapide comme un trait devant la Bretonne immobile.

Arrivée à quelques pas de Marthe et en face des premières maisons de Portsmouth, elle ralentit sa course et demeura stationnaire.

A la lueur des lanternes, la jeune femme put distinguer les personnes que contenait l'élégant équipage.

Ces personnes étaient au nombre de deux : un homme enveloppé dans un vaste manteau, et une femme dont les formes disparaissaient sous une pelisse de fourrure et sous un capuchon hermétiquement rabattu sur le visage.

« Ne descendez pas, Georges ! dit vivement la compagne du voyageur, en arrêtant celui-ci au moment où il ouvrait la portière de la calèche pour sauter sur la route.

— Comment, Cœlia ? Voulez-vous donc m'accompagner jusqu'au port ? fit le premier personnage en se retournant.

— Sans doute.

— Mais par le temps qu'il fait, une pareille course serait imprudente. C'est bien assez de m'avoir conduit jusqu'ici.

— Non, mon ami, je veux vous accompagner et vous attendre.

— Cela est impossible, chère enfant. Le coup de canon que nous avons entendu annonce que des prisonniers se sont évadés.

Il faut que j'aille à mon bord, et peut-être passerons-nous toute la nuit en recherches.

— Quel horrible métier ! dit la femme, dont au doux accent de la voix on pouvait facilement reconnaître la jeunesse et la bonté.

— Que voulez-vous, Cœlia ? répondit Georges. C'est la volonté du gouvernement et non la mienne qui m'a placé à la tête d'un ponton. D'ailleurs, pourquoi se plaindre ? Là mieux qu'autre part je suis à même de faire le bien et d'apporter un soulagement à la misère.

— Pauvres prisonniers ! » murmura Cœlia.

Jusqu'alors la conversation ayant eu lieu en anglais, Marthe avait entendu le bruit des paroles sans en comprendre le sens.

Mais Georges se penchant vers sa compagne et voulant sans doute éviter de mettre le cocher de la calèche dans la confidence de sa pensée intime, reprit en s'exprimant en excellent français :

— Sois sans inquiétude, chère femme. Les prisonniers qui viennent de s'évader n'appartiennent pas à mon bord, j'en réponds. Mes prisonniers, à moi, sont fidèles à leur serment; ils ne cherchent point à fuir.

Et si cela était arrivé même... ne crains rien ! Je ne serais pas sévère pour les pauvres Français.

— Oui, vous êtes bon, Georges ! répondit Cœlia en enlaçant son compagnon par un mouvement gracieux. Mais n'importe ! laissez-moi vous conduire jusqu'au port. J'attendrai chez ma sœur.

— Tu le veux absolument.

— Oui.

— Eh bien, soit ! » dit Georges. Et s'adressant au cocher, lequel, roide et impassible sur son siége, attendait les ordres de son maître :

« Au port ! » fit-il en reprenant l'idiome britannique.

Le valet rendit la main ; les chevaux s'élancèrent et la calèche disparut rapidement.

« Des prisonniers évadés cette nuit ! s'écria Marthe qui n'avait pas perdu un mot de ce court entretien. Oh ! décidément je ne puis plus douter. Ce papier dit vrai. Mon mari s'est sauvé du ponton ! »

Et, abandonnant de nouveau toute réflexion, elle résolut de gagner par terre la pointe de Gosport, où Catifet devait sans doute aborder quelques heures plus tard.

Elle savait qu'elle pouvait compter sur son énergie.

Mais ce que la courageuse enfant ignorait, c'était que la baie était longue à contourner.

Quand bien même elle eût connu la route, quand bien même elle n'eût été arrêtée par aucun obstacle, la nuit entière ne lui eût pas suffi pour accomplir le trajet qu'elle avait entrepris.

En effet, si, entre Portsmouth et Gosport, la communication était rapide et facile en traversant le petit bras de mer, communication accomplie de nos jours à l'aide d'un pont flottant et en moins de vingt minutes, il n'en était pas de même par la route de terre.

Il fallait traverser l'île de Portsea dans toute sa longueur, gagner Portsea-Bridge, puis de là Cosham, ensuite Fareham et revenir sur Gosport.

Or, grâce aux nombreuses et interminables sinuosités de la baie, la route à parcourir avait près de trente-cinq milles, c'est-à-dire environ quinze lieues de France, et Marthe devait en avoir fait le trajet en trois heures.

L'entreprise était donc insensée et impossible à mener à bonne fin ; mais, nous le répétons, la jeune femme ignorait la distance à franchir et elle ne consultait que son courage et son amour pour son mari.

Abandonnant résolûment la ville, elle s'avança dans la campagne.

Surmontant la fatigue, soutenue par l'espoir de retrouver libre celui dont elle venait partager la captivité, électrisée par la nouvelle de la présence de Surcouf, en lequel elle avait une foi entière, la jolie Bretonne redoublait d'énergie et de rapidité.

En moins de deux heures elle franchit près de dix milles sans ralentir sa marche.

Portsea-Bridge et Cosham étaient loin derrière elle, et cependant, à sa gauche, l'interminable baie étendait à perte de vue ses eaux profondes, dans lesquelles se reflétaient les feux des navires au mouillage et les torches des embarcations lancées à la poursuite des prisonniers.

Marthe, épuisée, s'arrêta pour prendre quelques minutes de repos.

L'espérance commençait à l'abandonner.

« Gosport est à l'autre extrémité de la rade, se dit-elle, et je n'ai pas encore atteint le centre depuis plus de deux heures que je marche. Jamais je n'arriverai ! Oh ! si j'avais une voiture ou un canot ! J'ai assez d'argent pour les payer ; mais non ! une voiture ou un canot mettrait sur la trace de mon mari, et je le perdrais en voulant le rejoindre ! Ce qu'il me faut, c'est du courage et de la force ! Allons, que Dieu ait pitié de moi ! qu'il me soutienne ! »

La jeune femme, qui s'était assise sur une pierre du chemin, se releva et se remit en route.

Elle parcourut encore la distance d'un mille et demi, mais ses pieds enflés se traînaient avec peine sur la route défoncée, et la pluie et le froid la faisaient trembler au point qu'elle trébuchait à chaque pas.

Le sang, se retirant des extrémités glacées, remontait à la poitrine et affluait vers la tête.

Marthe ne se maintenait debout que par un miracle d'énergie morale.

Les émotions de la soirée, jointes à la fatigue physique, avaient brisé ce corps frêle et délicat et triomphaient peu à peu de la tenace résolution de l'esprit.

Un moment Marthe, en proie à un étourdissement subit, chancela et faillit tomber.

Se cramponnant à un arbre qui la soutint, elle lança autour d'elle un regard de désespoir.

Une lumière, brillant faiblement à quelque distance, annonçait la proximité d'une habitation.

Éperdue, sentant bien qu'elle ne pouvait plus lutter, la malheureuse Bretonne résolut de gagner cette maison et d'y implorer quelques secours.

Le froid l'avait roidie, et, depuis le matin, elle n'avait pas mangé.

Du feu et du pain devaient suffire, espérait-elle, pour lui rendre sa vigueur et lui permettre de continuer sa route.

Prenant à travers champs pour raccourcir la distance, elle se dirigea donc vers le point lumineux.

La terre détrempée alourdissait encore sa marche, mais cependant elle avançait, quoique se traînant avec peine.

Bientôt la maison se dessina devant elle.

C'était un charmant cottage, comme tous ceux que les Anglais se plaisent à semer autour des villes.

Vingt pas à peine la séparaient encore de

la grille, lorsque Marthe sentit tout à coup le terrain manquer sous ses pieds meurtris.

Elle était arrivée sur le bord d'un fossé profond servant d'enceinte à un champ qu'il séparait de la route et que les ténèbres de la nuit ne lui avaient pas permis de distinguer.

Marthe poussa un cri, fit un effort suprême et essaya de franchir le vide en sautant sur la route.

Mais la terre humide la fit glisser, elle manqua d'élan et tomba sur le versant du chemin.

Sa tête porta sur une grosse pierre, le sang jaillit de son front; elle sentit ses forces l'abandonner; ses paupières se fermèrent, et elle demeura étendue et sans vie sur le bord du fossé boueux.

XII

Le docteur Weis.

La lumière qu'avait aperçue la pauvre Marthe éclairait les fenêtres de la salle basse du cottage, à quelques pas duquel elle était venue tomber épuisée et mourante.

Cette salle basse, sorte de sanctuaire de l'intelligence, était meublée avec un luxe artistique, une recherche et un goût exquis qui lui donnaient un cachet de remarquable élégance.

De beaux tableaux de l'école flamande décoraient les panneaux d'acajou sculpté qui recouvraient les murailles.

De riches étoffes, servant de rideaux et de portières, drapaient leurs plis soyeux que relevaient des torsades somptueuses.

Un magnifique tapis faisait disparaître le parquet sous la toison épaisse de sa laine aux nuances vives et capricieuses.

Des divans, des fauteuils s'éparpillaient le long des boiseries et autour d'une vaste table couverte de brochures et de journaux.

Dans un angle, un clavecin d'Allemagne, surchargé de partitions et de romances nouvelles, faisait pendant à une magnifique harpe de France dont les pédales en cuivre doré reflétaient vigoureusement l'éclat des bougies qui éclairaient le salon.

Enfin, partout, sur la cheminée, sur les consoles, sur les étagères, sur les bonheurs-du-jour, on contemplait de délicieux bronzes, de brillants émaux, de fins ivoires que la patience seule et les soins d'un amateur éclairé avaient pu rassembler en aussi grand nombre.

De superbes vases chinois remplis, en dépit des rigueurs de la saison, de fleurs fraîches aux couleurs éclatantes, complétaient cet ensemble empreint de richesse, de confortable et de poésie.

A l'heure où Marthe tombait blessée et mourante à quelques pas du cottage, deux hommes étaient dans la pièce que nous venons de décrire.

L'un, assis mollement sur une ottomane et souriant d'un aigre et mauvais sourire, n'était autre que l'aimable docteur Weis, l'ami du capitaine Rawlow.

Son compagnon, plus jeune de quelques années, à la physionomie franche, ouverte et intelligente, arpentait la salle basse, s'arrêtant de temps à autre en face du médecin des pontons, qu'il foudroyait d'un regard de colère et de mépris.

Ce nouveau personnage se nommait le docteur Fuller, chirurgien ordinaire de l'amirauté, et placé par le transport-office, qui se défiait de son patriotisme, sous les ordres du cruel Weis.

Depuis quelques minutes, un silence qui ressemblait assez à une trêve, régnait entre les deux hommes.

Fuller, les sourcils contractés et la figure

empourprée, semblait contenir à grand'peine une sourde et profonde indignation.

Weis, se renversant en arrière, jouait avec les glands d'un coussin et suivait d'un regard railleur la marche saccadée de son confrère.

Nous prévenons nos lecteurs que quelque incroyable qu'elle paraisse, la scène qui va suivre est de la plus rigoureuse véracité.

Nous l'empruntons à deux rapports de témoins oculaires, aux Mémoires laissés par l'un, aux relations verbales de l'autre. Les noms eux-mêmes sont historiques.

« Eh bien ! dit Weis en croisant ses petites jambes l'une sur l'autre, eh bien ! mon cher Fuller, qu'est-ce que vous en pensez ?

— Je pense, répondit Fuller en s'arrêtant, que j'ai mal compris ou plutôt mal entendu.

— Alors je vais avoir l'honneur de vous répéter mes paroles. M'écoutez-vous ?

— Oui.

— Je vous disais donc qu'hier, en visitant le Britannia, la Couronne et le Protée, j'ai découvert les indices de l'invasion de la fièvre jaune. Ce sont de nouveaux prisonniers, faits dans les parages des Florides, qui ont importé le vomito. Céphalalgie intense, face injectée de sang, soif ardente, douleur à l'épigastre, vomissements, ecchymoses et plaques gangréneuses à la peau, teint jaune ; rien n'y manque. Les symptômes du typhus américain sont complets, et une demi-douzaine de malades ont déjà succombé. Vous comprenez ? Grâces aux mutations opérées journellement dans les pontons, la fièvre jaune va se répandre avec une rapidité inouïe ; la flottille des pontons ne sera plus qu'un vaste foyer d'invasion, et les rascals vont mourir comme des mouches.

— Mais, s'écria Fuller, il faut empêcher toute communication, au contraire. Il faut resserrer la maladie dans le plus petit espace possible ; faire évacuer les navires atteints, assainir les batteries et transporter une partie des prisonniers à terre. Enfin, nous devons prévenir le transport-office.

— Il est prévenu.

— Eh bien ?

— Eh bien ! on ne changera rien aux habitudes.

— Rien ? répéta Fuller stupéfait.

— Certainement, répondit Weis en ricanant plus que jamais. Peste, mon cher confrère ! comme vous y allez : faire évacuer les pontons, transporter les prisonniers à terre ! Pourquoi ne pas leur donner la liberté pendant qu'on y serait ?

— Ce serait évidemment ce qu'il y aurait de mieux à faire ! répondit Fuller avec brusquerie.

— C'est possible ; mais c'est ce qu'on ne fera pas. D'ailleurs, ces chiens valent-ils la peine qu'on s'occupe d'eux pour leur épargner la contagion ?

— Ceux que vous appelez des chiens sont des hommes comme vous et moi !

— Nullement ; ce sont des Français, des ennemis de notre pays. Or, qui veut la fin, veut les moyens, continua l'abominable médecin d'une voix mielleuse. Moins il y aura de Français, plus vite la France succombera ; et, plus la fièvre jaune en tuera, moins il y en aura. C'est logique comme une équation. Donc le transport-office a parfaitement raison en ne voulant rien changer aux habitudes des prisonniers. Mais, d'ailleurs, que votre humanité se rassure, j'ai établi un traitement pour les malades.

— Et peut-on connaître ce traitement ?

demanda Fuller d'une voix légèrement ironique.

— Rien de plus facile, cher et estimable confrère. J'ai ordonné d'abondantes saignées renouvelées quatre fois par jour, une diète rigoureusement absolue et des bains d'eau glacée.

— Vous avez ordonné cela? s'écria Fuller.

— Oui, répondit tranquillement Weis.

— Allons donc, monsieur, c'est impossible, vous voulez plaisanter, avouez-le!

— Mais en aucune façon, je vous le jure. »

Le médecin en second passa la main sur son front et vint se placer près de son interlocuteur.

« Voyons, reprit-il, je veux croire qu'il y a erreur de votre part. Vous ne connaissez pas la maladie dont vous parlez. Moi, qui ai longtemps navigué sur les côtes d'Amérique, je connais parfaitement le typhus, et je sais ce qu'il faut faire pour le combattre. Il faut employer les toniques, les boissons acidulées, les antispasmodiques, le quinquina, les sels ammoniacaux et les bains tièdes.

— Erreur! dit Weis.

— Erreur? fit le généreux médecin en se relevant; mais j'ai sauvé plus de quinze cents hommes, grâce à ce système.

— Je suis plein de confiance en vos lumières, et j'apprécie plus que personne votre savoir, mon aimable ami, répondit l'agent principal du transport-office; mais, vous ne l'ignorez pas, la science possède bien des systèmes différents. Or, je vous l'avoue, je ne partage nullement votre manière de voir à l'égard de la fièvre jaune. Ne vous étonnez donc pas si je ne suis pas vos indications.

— Quoi! vous continuerez votre traitement?

— Que voulez-vous. J'ai une lourde responsabilité à supporter... je dois agir selon ma conscience!

— Ainsi, cela est décidé, vous persisterez?

— Comme vous le dites. »

Fuller se croisa les bras sur la poitrine.

« Monsieur Weis, s'écria-t-il d'une voix éclatante, vous n'avez pas foi en vos paroles! Votre système est donc celui d'un fou ou d'un assassin avec préméditation! »

A cette rude apostrophe, le petit docteur pâlit légèrement sans discontinuer de sourire; seulement, son œil de chacal brilla dans l'ombre.

« Monsieur, répondit-il à son confrère, vos observations peu parlementaires viennent tout simplement de ce que le Transport-office, manquant de confiance en vos talents, a jugé à propos de vous placer sous mes ordres. Veuillez donc vous rappeler que vous m'êtes adjoint comme médecin en second, et faire taire votre amour-propre froissé. Votre position est celle d'un subalterne, ne l'oubliez pas !

— Je prends vos paroles, non pour une insulte, car je vous méprise trop pour admettre que votre insolence puisse atteindre jusqu'à mon honneur, mais je les regarde comme celles d'un lâche, répondit noblement Fuller, que sa généreuse colère jetait hors des bornes de la prudence. Quant à ma position de subalterne, dont vous vous targuez, je suis prêt, si vous avez assez de cœur pour venir avec moi sur le terrain, à donner immédiatement ma démission. »

A ce défi, nettement formulé par le brave Anglais, Weis répondit encore par un nouveau sourire.

« Allons, mon bon Fuller, dit-il de ce

même ton doucereux qui ne l'abandonnai jamais, nous sommes trop vifs tous les deux; cela finirait mal. Réconcilions-nous; voici ma main. »

Fuller se détourna sans daigner toucher la main qui lui était tendue.

« Mauvaise tête! » fit Weis sans paraître attacher d'importance à cette nouvelle insulte.

Un long silence régna dans la salle basse.

Le docteur Fuller, qui avait servi longtemps dans la marine royale, et donné en maintes occasions des preuves multipliées d'abnégation et de courage, était doué d'une loyauté et d'une rigidité de principes remarquables.

Sa conscience lui ordonnait de lutter contre son chef, et il n'hésitait pas.

« Écoutez, monsieur, dit-il en se rapprochant, je vous jure sur mon honneur que, si vous mettez plus longtemps votre traitement en pratique, pas un de vos malades ne se rétablira! Vous les tuerez tous, et vous les tuerez sciemment!

— Bah! fit Weis, quelques Français de plus ou de moins...

— Ah! s'écria Fuller dont l'indignation

arriva à son comble, je ne me trompais donc pas en disant que votre mission était celle d'un assassin. Depuis plusieurs mois déjà je m'étais aperçu de votre épouvantable conduite, et je n'osais en croire ni mes yeux ni mes oreilles! Mais cela n'aura pas lieu, ne l'espérez pas! Je parlerai, j'écrirai... La presse me servira à dévoiler vos crimes...

— Et, comme vous n'aurez aucune preuve à alléguer contre moi, car enfin qui prouvera que mon système est inférieur au vôtre, vous serez condamné comme calomniateur, et cette condamnation entraînera votre déshonneur et la ruine de votre famille! interrompit Weis en appuyant sur chacune de ses paroles.

— Il a raison! murmura Fuller dont la colère s'éteignit dans une douleur profonde. Je ne puis rien... je ne puis rien!

— D'ailleurs, continua le médecin en chef en changeant son air doucereux et hypocrite en un ton d'impérieux commandement, d'ailleurs, ces discussions sont inutiles. Vous avez servi dans la marine, vous savez, par conséquent, mieux que personne, que la hiérarchie n'est pas une chose illusoire. Je suis votre chef; vous n'avez qu'à recevoir mes ordres et à les exécuter. Demain c'est votre jour de visite à bord du Protée et de la Couronne, vous adopterez et vous continuerez le traitement que j'y ai établi.

— Moi? dit Fuller, jamais! N'y comptez pas! Qu'il arrive ce qu'il voudra, peu m'importe! J'ai servi bravement mon pays! J'ai combattu et je combattrai encore les ennemis de l'Angleterre; mais les tuer lâchement, assassiner des hommes sans défense, empoisonner des malades, trahir ma mission, déshonorer mon uniforme. Allons donc! monsieur, vous me prendriez pour votre semblable!

— Monsieur Fuller! hurla Weis humilié cette fois, tant il y avait de mépris et de dégoût dans les paroles avec lesquelles venait de le souffleter son interlocuteur, monsieur Fuller!... prenez garde!

— Prenez garde vous-même, monsieur Weis! répondit le médecin en second avec un calme terrible, car sous ce calme apparent on devinait une tempête effrayante prête à éclater. En me révélant vos ignobles desseins, en voulant m'associer à vos cruautés sans nom, vous venez de m'insulter gravement! Croyez-moi, monsieur Weis, quittez cette maison, quittez la demeure de sir Georges, cette habitation d'un brave gentleman que vous souillez par votre présence ! Ah ! je devine maintenant pourquoi vous y avez pénétré ! Vous détestez Georges autant que vous me haïssez, et vous veniez exprès chez lui pour lui annoncer, en présence de sa femme, l'invasion de la fièvre jaune ! Le temps vous a manqué, heureusement, pour jeter cet effroi dans l'âme de la pauvre femme, mais si vous vous retrouvez en présence, rappelez-vous bien mes paroles : je vous défends, entendez-vous, je vous défends d'apprendre à Cœlia la fatale nouvelle ! D'ailleurs, croyez-moi, je vous le répète, partez sans plus tarder, sans me répondre surtout, sans faire un geste de menace, car mes colères sont terribles, monsieur Weis ! Quand le sang me monte au cerveau, j'écraserais sous mes pieds, sans pitié ni merci, une vipère de votre espèce ! »

En parlant ainsi, le noble médecin fit deux pas en avant vers son indigne confrère, mais l'expression de sa physionomie était telle, que Weis eut peur.

Se reculant vivement, il saisit machinalement son chapeau placé sur un meuble voisin, et, ouvrant la porte avec précipitation, il s'élança au dehors.

« Lâche autant que cruel ! » murmura Fuller en poussant du pied un gant tombé sur le tapis et que Weis, dans sa fuite, avait négligé de ramasser.

Puis, levant douloureusement les yeux au ciel :

« Pauvre Angleterre ! s'écria-t-il, ce sont de semblables hommes qui flétrissent le nom de tes enfants et qui te déshonorent aux yeux des autres nations ! »

Le bruit de la grille, qui grinça en s'entr'ouvrant, annonça le départ précipité de l'agent du transport-office qu'un domestique reconduisait et éclairait à l'aide d'une énorme lanterne.

XIII

Sir Georges.

La voiture du docteur Weis attendait sur la route, près de la haie de houx et de bruyères servant de clôture au cottage.

Le médecin en chef des pontons ouvrait déjà la portière du coupé, lorsque le valet, dont l'attention avait paru plusieurs fois distraite depuis sa sortie de la maison, se retourna brusquement.

Ce mouvement irréfléchi fut malencontreux pour le docteur, car le pied du valet rencontrant une flaque d'eau boueuse, en fit jaillir le liquide noirâtre jusqu'au menton du praticien.

« Butor! stupide! s'écria aigrement le disciple d'Esculape; faites donc attention.

— Pardon, monsieur... je suis désolé... balbutia le pauvre damestique, mais j'avais cru... il m'avait semblé...

— Quoi? interrompit Weis.

— Entendre des gémissements.

— Des gémissements? Vous êtes fou! Je n'entends, moi, que les sifflements de cette brise maudite qui me vaudra, bien certainement, un rhume abominable! Ce sera la faute de ce drôle de Fuller, continua-t-il mentalement; mais il me paiera ses insolences! Ah! il protége les Français! Nous verrons ce qu'en dira le transport-office.

— J'affirme à monsieur que j'entends des plaintes! dit le valet en insistant de nouveau.

— Eh bien, quand vous entendriez des gémissements et des plaintes! qu'est-ce que vous voulez que j'y fasse? »

Et Weis monta brusquement en voiture.

« Chez moi ! » dit-il en s'adressant au cocher.

Mais celui-ci, au lieu de pousser son cheval en avant, se pencha sur son siége.

« Eh ! fit-il, j'entends aussi, moi ; on dirait qu'on appelle au secours. »

Le domestique, élevant sa lanterne pour étendre la projection lumineuse, regardait attentivement autour de lui.

« C'est là ! » dit le cocher dont le siége élevé lui permettait d'embrasser une plus vaste étendue de terrain.

Et, à l'aide du manche de son fouet, il désignait l'autre côté de la route.

Le valet se précipita.

« Au diable les deux brutes ! murmura Weis. Ils me feront geler sur place !

— Monsieur ! monsieur ! venez vite ! cria le valet, c'est une pauvre femme baignée dans son sang. »

Le cocher s'élança de son siége et courut auprès du domestique.

Weis, dont l'humanité ne s'alarmait pas facilement, rappela à grands cris l'automédon, mais celui-ci ne se hâta nullement d'obéir.

Le petit docteur ouvrit alors la portière et descendit en grommelant.

Sa colère augmentait à chaque ornière dans laquelle il s'embourbait. Enfin il atteignit l'endroit où gisait le corps de la jolie Bretonne.

Le costume étrange de la jeune femme ne permit pas au docteur d'hésiter à reconnaître celle que le matin même il avait examinée attentivement en compagnie de Rawlow, lorsque Marthe s'était pour la première fois présentée à bord du Britannia.

Ses lèvres plates ébauchèrent un sourire.

« La petite Française! murmura-t-il avec étonnement. Il paraîtrait que Rawlow n'a pas réussi à la consoler. Mais comment diable est-elle ici, et pourquoi est-elle venue jusqu'au cottage de sir Georges?

— Elle est blessée à la tête! » dit le cocher en soulevant entre ses bras le corps de la pauvre enfant.

Weis se pencha vers elle.

« Ce n'est rien, ce n'est rien! fit-il; une simple égratignure qui aura causé un évanouissement. »

Des gémissements et des mots sans suite

s'échappaient des lèvres de la jeune femme.

Le médecin semblait réfléchir.

Tout à coup ses petits yeux s'animèrent et, dardant leurs regards vitreux sur la Bretonne, prirent uue expression véritablement diabolique.

« Emportez-la dans ma voiture, dit Weis; je la soignerai chez moi.

— Ne vaudrait-il pas mieux la conduire au cottage? fit observer le valet.

— Non, non! répondit le docteur; je la soignerai, vous dis-je!

— Mais...

— Allons! obéissez! »

Au ton péremptoire du médecin, le valet et le cocher comprirent qu'aucune objection n'était possible.

Enlevant la jeune femme, ils s'apprêtèrent à exécuter l'ordre qu'ils avaient reçu.

Marthe n'avait pas conscience de ce qui se passait autour d'elle.

Quant à Weis, il paraissait avoir oublié et les insultes de Fuller, et le froid et la pluie dont il se plaignait amèrement quelques secondes auparavant.

Une mauvaise pensée s'était évidemment logée dans sa cervelle à propos de la jeune femme, car il ne cessait de sourire en la contemplant avec complaisance.

« Eh! eh! pensait-il, voilà une rencontre fortuite qui me fera un puissant appui auprès du transport-office, et qui me servira à me venger de ce Fuller et de son digne ami sir Georges! Ah! ah! ils sauront ce qu'il en coûte de se faire un ennemi d'un homme tel que moi! Fuller sera destitué ou j'y perdrai mon nom. »

Et le cruel médecin, bien décidé à exploiter l'amour que Marthe avait fait naître dans l'âme de Rawlow et à faire agir selon ses vues celui-ci dont il connaissait l'influence auprès de l'agence des prisons, combinait dans sa tête tout un plan machiavélique dans le but de nuire activement à son généreux confrère.

La jeune femme, qu'il sacrifiait d'avance dans sa pensée, ne comptait pour lui que comme un heureux et adroit moyen de seconder ses projets.

Peu lui importait la honte et le malheur de la pauvre créature.

« Placez-la en travers de la voiture, dit-il en s'adressant aux deux hommes qui introduisaient par la portière le corps léger qu'ils soutenaient entre leurs bras. Attendez, je vais passer de l'autre côté et vous aider. »

Weis, en disant ces mots, s'élança sur la droite du coupé, monta dans l'intérieur du véhicule et tendit les bras pour recevoir la jeune femme.

La nuit avait passé rapidement.

Il était alors près de sept heures du matin et le jour naissant commençait à percer la brume épaisse qui s'étendait à l'horizon.

Le vent ne faiblissait pas et la pluie tombait avec abondance.

Depuis plus de vingt minutes les lumières des pontons s'étaient éteintes : on n'apercevait plus sur la rade les feux des canots et toute agitation avait cessé, soit que les Anglais eussent retrouvé les fugitifs, soit qu'ils en eussent abandonné la poursuite en reconnaissant l'inutilité de recherches plus longues.

Sur la route de Portsmouth au cottage, une calèche roulait rapidement.

C'était celle de sir Georges, qui ramenait à leur habitation l'officier anglais et sa compagne.

Les chevaux, poussés vivement et sentant l'écurie, dévoraient l'espace.

Cœlia sommeillait doucement, appuyée sur l'épaule de son mari.

Celui-ci, les yeux animés, les sourcils rapprochés et le front chargé de nuages, labourait de ses ongles le coussin sur lequel il était assis.

Au frémissement convulsif de ses lèvres, il était aisé de reconnaître l'état de surexcitation auquel il paraissait être en proie.

Enfin, la calèche atteignit le cottage.

Elle arriva précisément au moment où Weis installait Marthe sur le devant de son coupé.

La voiture de sir Georges s'était arrêtée devant la grille, et Cœlia avait rouvert les yeux.

Le valet qui avait éclairé le docteur se hâta, en apercevant ses maîtres, de laisser au cocher le soin d'aider Weis et courut ouvrir la grande porte.

« Qu'est-ce donc? demanda sir Georges en se penchant en dehors de sa voiture.

— C'est une pauvre femme que nous avons trouvée sanglante et évanouie sur la route et que M. Weis emmène à Portsmouth, répondit le domestique.

— Le docteur Weis ! s'écria Georges, il est donc encore ici ?

— Oui, monsieur. »

Georges sauta vivement à terre.

« Qu'est-il donc arrivé à cette pauvre femme ? demanda Cœlia, tandis que son mari s'approchait du coupé du docteur.

— Ah ! commandant, vous voici revenu, dit Weis en apercevant l'officier anglais. Eh bien, quoi de nouveau ?... A-t-on retrouvé les prisonniers évadés ?

— Descendez, monsieur, j'ai à vous parler, répondit sèchement Georges.

— A vos ordres, commandant, à vos ordres. »

Le petit docteur, assez intrigué du ton brusque de son interlocuteur, se hâta d'obéir à l'injonction qui lui était faite et rejoignit sir Georges sur la route.

Celui-ci l'entraîna à quelques pas et lui saisissant le bras :

« Monsieur Weis ! dit-il en rapprochant son noble et beau visage de la vilaine figure du médecin, monsieur Weis, vous êtes un misérable !

— Commandant !... monsieur !... s'écria Weis en essayant de se soustraire à la main nerveuse qui l'étreignait en le secouant rudement.

— Vous êtes un misérable ! répéta Georges dont les yeux étincelaient ; oui, un misérable ! car vous frappez lâchement des ennemis à terre ! Votre mission consiste à constater l'état de la santé des prisonniers et non à leur infliger la torture. Eh bien ! je viens de mon bord, monsieur, je quitte à l'instant le pont du Protée, et j'ai trouvé les malheureux confiés à ma garde dans un abattement profond et en proie à une abominable terreur. Or, cet abattement, cette terreur qui peuvent leur être si funestes, c'est vous qui les avez provoqués ! Vous qui avez brutalement annoncé à ces pauvres Français que la fièvre jaune venait d'éclater parmi eux. Comme médecin, monsieur, ne deviez-vous pas savoir que l'émotion cruelle causée par votre barbarie augmenterait encore les progrès du terrible fléau ? Depuis votre visite, plus de trente malades se roulent sur leurs couches, et leurs compagnons, effrayés, osent à peine respirer l'air qu'ils croient maintenant empesté et mortel ! Tous ne voient plus en perspective qu'une mort affreuse. Je vous le répète, monsieur Weis, votre conduite, comme médecin et comme homme, n'est qualifiable que par l'épithète infamante que j'ai employée et que je ne retire pas, monsieur. »

Weis demeura un moment foudroyé par ces véhémentes paroles.

Mais, reprenant bientôt son sang-froid :

« Commandant, dit-il, il était de mon devoir de constater l'invasion du typhus, et j'ai agi comme je devais le faire en prévenant les prisonniers afin qu'ils puissent veiller eux-mêmes à leur propre santé.

— Vous mentez ! s'écria sir Georges, vous mentez lâchement et vous n'avez même pas le courage de vos infamies ! Voici ce qui s'est passé et ce que tous mes officiers et mes prisonniers m'ont rapporté. Vous veniez de terminer votre visite, vous étiez sur le pont, en face des Français, et là, prenant votre air le plus doucement hypocrite : « Consolez-vous, mes amis, leur avez-vous dit, il y en a beaucoup parmi vous qui ne doivent plus rester longtemps à bord du Protée. — Quoi ! s'est écrié alors l'un des prisonniers, serait-il question de paix ? — Pas précisément, mes excellents amis, avez-vous répondu, à moins, toutefois, que vous n'entendiez par la paix le repos de la tombe... car... je vous gardais cette bonne nouvelle pour vous faire mes adieux, la fièvre jaune vient de se déclarer parmi vous, et avant huit jours, vous en serez tous atteints! » Et après avoir prononcé avec joie cette foudroyante révélation, vous sautâtes lestement dans le canot qui vous attendait, tandis que les prisonniers se regardaient frappés d'épouvante, que mes officiers se détournaient pour cacher le dégoût que vous leur inspirez, et que mes soldats et mes matelots eux-mêmes vous poursuivaient de leurs regards de mépris.

— Oh! répondit Weis avec une rage concentrée, je sais que vous aimez les Français, commandant, que vous protégez les ennemis du royaume et que vous avez inculqué ces sentiments dans l'esprit de vos subordonnés. Aussi tout le monde vous blâme-t-il!

— Peu m'importe votre opinion et celle des gens de votre espèce! répondit Georges avec une extrême hauteur. Je ne sais qu'une chose, moi, c'est que si je réponds devant le transport-office de la présence à mon bord des Français confiés à ma garde, je réponds devant Dieu de l'existence de mes prisonniers. Et comme cette existence me semble menacée par vous, monsieur, je vous préviens que j'ai donné des ordres pour vous interdire l'accès du Protée. Mon ami Fuller fera seul le service. Quant à vous, n'essayez pas de transgresser ma volonté, si vous ne voulez que je vous rappelle, à vos dépens, qu'à son bord un capitaine de vaisseau de Sa Majesté est le seul maître après Dieu!

— C'est bien! très-bien! dit Weis furieux de voir ses victimes lui échapper. Seulement, je ferai mon rapport!

— Et je ferai le mien également, monsieur.

— Le transport-office jugera, comman dant

— Et l'amirauté aussi, monsieur! Allez, maintenant, je ne vous retiens plus. »

Sir Georges lâcha le bras du docteur, mais, soit que le mouvement fiévreux qui agitait le brave marin fût mal calculé, soit que son interlocuteur, en proie à une colère violente, fût peu solide sur ses jambes, à peine Weis échappait-il à la main qui l'étreignait, qu'il chancela, trébucha et roula dans la boue.

Georges, qui s'était retourné, ne s'aperçut même pas de cette chute.

Weis, pâle et frémissant, se releva et regagna son coupé.

Pendant ce temps, Cœlia, mise au courant par le valet de ce qui s'était passé, s'était rapprochée de la voiture du docteur.

« Georges, dit-elle à son mari, il faut faire transporter cette pauvre femme chez moi. Portsmouth est loin, elle a besoin de secours et Fuller est encore au cottage. C'est une Française !

— Une Française ! fit Georges en s'arrêtant.

— Oui, et une Bretonne même, je la reconnais à son costume.

— Bien, bien, chère Cœlia ! je vais appeler nos gens et la faire transporter dans nos appartements. John ! prévenez M. Fuller. »

Sur l'ordre du commandant, les valets accoururent, et Marthe fut portée avec des précautions infinies dans l'intérieur de l'habitation.

Weis n'avait pas prononcé une parole.

Une fois la grille refermée sur les habitants du cottage, il sauta dans sa voiture.

« A Portsmouth ! cria-t-il au cocher, et brûlez la route ! »

Puis, se peletonnant dans un angle, comme un animal sauvage prêt à bondir sur sa proie, il se laissa emporter en murmurant à travers ses lèvres blafardes et crispées :

« Je me vengerai ! je me vengerai ! je me vengerai ! »

XIV

Un véritable gentleman.

Le commandant du Protée était un homme de trente ans, admirablement doué par la nature au physique comme au moral.

La beauté des formes s'harmonisait merveilleusement en lui avec les précieuses qualités de l'âme.

Officier distingué, brave, généreux, intrépide, sir Georges, qui avait assisté, comme témoin actif, aux grands drames navals du cap Finistère, d'Aboukir et de Trafalgar, s'était vu avec peine investi du commandement du ponton.

Il fallut bien cependant se résigner et obéir.

Le Protée était alors commandé par Rawlow.

On fit passer ce dernier à bord du Britannia que l'on venait d'installer nouvellement, et on donna le Protée à sir Georges.

Quoique personne ne fût plus scrupuleux dans l'accomplissement de ses devoirs, le nouveau commandant, en homme d'intelligence et de cœur, comprit à merveille que son pouvoir discrétionnaire lui laissait une grande latitude pour faire le bien.

Demeuré quatre mois prisonnier en France dans sa première jeunesse, sir Georges, lorsqu'il fut à même de constater la différence des traitements que chaque nation rivale infligeait à ses hôtes forcés, se sentit rougir de honte pour sa patrie et résolut de la relever dans sa propre estime en agissant avec humanité.

On prétendait au transport-office que les évasions renouvelées rendaient nécessaires ces tortures de tous les instants. Sir Georges se fit fort de prouver le contraire, espérant ainsi amener de notables adoucissements dans la situation des malheureux Français.

Sa première préoccupation fut donc d'interpréter l'esprit des règlements en leur faveur.

Exerçant un contrôle sévère sur les fournitures de toutes espèces, il changea bientôt l'exécrable alimentation de ses prisonniers en une nourriture saine et convenable; sans faire dépenser un schelling de plus au gouvernement, là où la famine exerçait ses odieux ravages il ramena presque l'abondance.

Voulant plus encore, il fit un matin rassembler dans sa cabine les principaux personnages du ponton, c'est-à-dire les officiers de toutes armes que le transport-office se plaisait à confondre avec les soldats et les matelots, et qui possédaient une énorme influence sur les autres prisonniers.

« Messieurs, leur dit-il rapidement après les avoir fait asseoir, ne pouvant m'adresser à tous les Français embarqués sur le Protée, je m'adresse à vous afin que vous leur communiquiez mes paroles. Il ne m'appartient de blâmer ni les actes de mes prédécesseurs, ni ceux de mes confrères, moins encore ceux de mon gouvernement. Seulement, je crois, en mon âme et conscience, que les mesures prises jusqu'ici relativement aux prisonniers ont été mal appliquées. Vous avez dû vous apercevoir depuis mon installation, que quelques améliorations dans le service ont été apportées par mes soins.

— Sans doute, capitaine, répondit l'un des Français qui se fit l'interprète de ses compagnons. Et nous vous exprimons à ce sujet notre profonde reconnaissance.

— Eh bien! messieurs, continua sir Georges, je ne veux pas m'arrêter là. Je prétends vous accorder toute la liberté compatible avec votre position, vous laisser travailler en paix et ne vous tourmenter en aucune manière. Je n'exige qu'une chose, c'est votre parole qu'aucune tentative d'évasion n'aura lieu à mon bord. Nous sommes tous, ici, gens d'honneur. Je m'en rapporterai donc à votre serment, et dès que vous me l'aurez prêté, toute police désagréable pour vous cessera sur le Protée. Songez d'ailleurs que la plus légère tentative de votre part justifierait les actes de rigueur commis à bord des autres pontons et que je veux essayer de détruire. La force n'a jamais rien pu sur vous, je suis convaincu que la générosité et la justice vous feront obéir. »

En écoutant ces nobles et franches paroles, les prisonniers surpris ne savaient s'ils devaient en croire leurs oreilles et si ce n'était point un piège qu'on leur tendait.

Enfin, rassurés par l'attitude calme et digne du commandant, ils firent d'une même voix la promesse exigée.

Dès ce moment l'existence de tous devint supportable, presque heureuse.

Les officiers traités avec égards, respectés par les Anglais, libres de circuler sur le ponton, faisant la police du bord et exerçant leur autorité sur les autres prisonniers, se voyaient deux fois par semaine invités par sir Georges, qui leur offrait le thé dans sa cabine.

Là, journaux et livres en abondance leur permettaient de se distraire et d'avoir des nouvelles de leur chère patrie.

L'état-major du Protée suivant l'impulsion donnée par le chef, établit bientôt d'affectueux rapports avec ceux sur lesquels il devait veiller.

Les matelots et les soldats français, reconnaissants de ce système d'humanité qui adoucissait leurs maux et ne les exposait plus aux tourments de la misère, menaient une conduite exemplaire.

Travaillant avec ardeur, ils aidaient encore les matelots et les soldats anglais dans l'accomplissement des corvées.

Bientôt une parfaite intelligence régna entre eux et ces derniers dont les fatigues et les veilles se trouvaient considérablement allégées.

Bref, depuis onze mois que le noble Anglais commandait son ponton, aucun désordre n'avait eu lieu, aucune évasion n'avait été tentée, tandis qu'à bord des autres prisons navales, les projets de fuite s'étaient multipliés à l'infini.

Aussi les autres commandants des pontons, dont le système était diamétralement opposé à celui de sir Georges, blâmaient-ils hautement celui-ci, l'accusaient-ils de manquer de patriotisme et le haïssaient-ils profondément, ne laissant échapper aucune occasion de lui nuire ou de lui être désagréables. Sir Georges, lui, attendait l'accomplissement de l'année entière pour exposer son système dans un rapport adressé au gouvernement et amener ainsi une révolution dans la manière de traiter les prisonniers.

Tel était l'homme que nous venons de présenter à nos lecteurs, tel était celui dont les prisonniers du Protée ont conservé un souvenir empreint d'une douce reconnaissance, tel était l'homme enfin dont le beau caractère contrastait d'une façon si sensible avec celui des autres employés du transport-office.

Maintenant le lecteur comprendra facilement l'indignation qu'avait provoquée en sir Georges la conduite lâchement ignoble du docteur Weis.

Tandis que Cœlia, la jeune et charmante compagne du brave officier, veillait attentivement sur Marthe que l'on installait dans une chambre voisine de la sienne, Georges et Fuller étaient entrés dans la salle basse que nous connaissons.

« Et les Français évadés? demanda vivement le digne ami du commandant.

— On n'a pu retrouver leurs traces! répondit sir Georges.

— Pauvres gens! Dieu les protége! » dit Fuller en poussant un soupir de satisfaction.

Georges lui tendit une main et passa l'autre sur son front brûlant. L'excellent homme paraissait souffrir.

« Qu'as-tu donc? reprit Fuller après un moment de silence, durant lequel il examina son compagnon.

— J'ai, s'écria Georges en jetant violemment son chapeau sur un fauteuil; j'ai, que je suis furieux, que je maudis la guerre, que le conseil de régence vient de rendre une ordonnance qui déshonore la nation anglaise, car cette ordonnance viole les droits les plus sacrés et les plus imprescriptibles de la justice et de l'humanité.

— Qu'est-ce donc? demanda vivement Fuller.

— Sais-tu ce que mes confrères les commandants des pontons, Rawlow en tête, ont comploté sans me prévenir? Sais-tu la demande qu'ils ont adressée il y a huit jours, et dont je viens d'apprendre à l'instant le terrible résultat? Non, n'est-ce pas? Eh bien! tiens, lis! Le transport-office nous a fait notifier cela il y a une heure. »

Sir Georges tendit à Fuller une lettre administrative, que celui-ci saisit et parcourut avidement.

Le front du médecin s'empourpra subitement.

« C'est un crime de lèse-humanité! s'écria-t-il ; mais cela ne peut déshonorer la brave Angleterre! Serait-il équitable de faire retomber sur une nation entière l'odieux d'un acte qui n'est que l'œuvre de quelques hommes? Sois tranquille, Georges! Je ne mets nullement en doute que le peuple anglais ne flétrisse lui-même une pareille monstruosité !

— Oui, cela est possible, je l'espère du moins, répondit tristement le commandant du Protée; mais, en attendant que l'opinion publique en fasse justice, cet ordre sera exécuté. Oh! que de crimes et que de malheurs irréparables ! »

Le digne médecin baissa lentement sa tête intelligente.

Froissant entre ses mains l'acte qu'il tenait, il le lança avec colère sur une table voisine.

Les deux hommes n'osèrent même pas échanger un regard.

C'est que cet acte, qui blessait si douloureusement leur nature d'élite, était effectivement l'un de ceux que l'humanité entière est en droit de reprocher éternellement aux successeurs du ministère Pitt.

Le conseil de régence, obéissant à une haine aveugle et stupide, et poussé par les agents du transport-office, déclarait que, dans le but de diminuer à l'avenir le nombre toujours croissant des évasions, le gouvernement venait de prendre une mesure énergique.

En conséquence, l'ordonnance portait que « la fuite de tout prisonnier entraînerait immédiatement la mise au cachot de deux autres Français du même ponton, et que, dans le cas où le fugitif ne serait pas rattrapé, ces deux prisonniers seraient pendus dans les vingt-quatre heures. »

Ces deux victimes expiatoires demeuraient au choix des commandants des pontons.

Ainsi, sous peine de mort, les Français devaient se faire les espions et les délateurs les uns des autres.

Après quelques minutes de silence, Fuller leva les yeux et fit un pas vers Georges.

« Pauvre ami ! lui dit-il en appuyant la main sur son épaule. Que feras-tu ?

— Ce que je ferai ? répondit Georges ; ce

que je ferai, moi? Plutôt que d'enregistrer un tel ordre, je donnerai ma démission!

— Ta démission! y penses-tu? Tu briserais ton avenir!

— Eh! que m'importe? Faut-il donc que je devienne un ignoble bourreau?

— Mais.....

— Oh! tu ne sais pas tout encore! continua sir Georges avec véhémence. Cet ordre est arrivé hier soir à onze heures, et il sera appliqué ce matin même.

— Ce matin?

— Oui, ce matin. Six prisonniers se sont évadés cette nuit du Britannia. Eh bien! Rawlow, prévenu le premier, a fait remonter l'heure de l'enregistrement de l'ordonnance à onze heures et demie. De sorte que, comme les fugitifs n'ont pris la mer qu'à minuit, ils étaient, ou du moins ils devaient être instruits de cette nouvelle ordonnance. Donc elle est applicable sur leurs compagnons, et dans quelques heures, les prisonniers évadés n'ayant pas été retrouvés, douze Français du Britannia seront pendus. Rawlow fait déjà commencer les préparatifs de l'exécution.

— Quelle horreur! fit Fuller en se détournant.

— Et tu veux que j'assiste à ces assassinats en qualité de commandant d'un ponton, car nous devons tous être là! Tu veux que je sanctionne par ma présence ces meurtres que je réprouve de toute la force de mon cœur et de mon esprit? Allons donc? je... »

Sir Georges allait continuer, lorsqu'il fut brusquement interrompu par l'entrée dans le salon de sa gracieuse femme.

Cœlia, les traits bouleversés, se précipita vers son mari en lui présentant un petit papier qu'elle tenait à la main.

« Tiens, Georges, tiens! dit-elle d'une voix qui décelait une émotion vive et profonde.

— Qu'est-ce donc? demanda le commandant inquiet et surpris de l'état dans lequel il voyait la ravissante Anglaise. Que signifie ce papier? D'où vient-il?

— Il est tombé des vêtements de la jeune femme que nous venons de secourir! répondit Cœlia. »

Georges s'approcha de la lumière.

« Surcouf veille dans la baie! lut-il à haute voix. Gatifet s'est évadé cette nuit des pontons. Dans trois heures il sera à la pointe de Gosport. »

« Surcouf veille dans la baie! répéta-t-il stupéfait.

— Surcouf dans la baie de Portsmouth! s'écria Fuller. Impossible!

— Oui, Surcouf! Surcouf! dit vivement Cœlia. Mais ce n'est pas tout : regarde! »

Et, arrachant le papier des mains de son mari, elle lui mit devant les yeux l'angle sur lequel était tracé le signe mystérieux qui avait produit un tel effet sur Marthe.

Georges se pencha en avant, puis, se relevant, il laissa échapper une exclamation de surprise. Une pâleur subite envahit son visage, et un trouble extrême s'empara de toute sa personne.

« Lui! s'écria-t-il; lui ici! à Portsmouth! Et je l'ignorais! Oh!... il faut que je sache.. que je voie!... Viens, Fuller! viens avec moi interroger la femme que Cœlia a fait transporter près d'elle!

— Mais, dit Fuller, apprends-moi...

— Tu sauras tout dans quelques instants; mais il faut que cette femme parle, qu'elle m'apprenne où il est, où je puis le trouver... Viens, Fuller, viens donc, te dis-je ! »

Et Georges, saisissant le bras de son ami, l'entraîna rapidement hors du salon.

Cœlia les suivit tous deux.

XV

La révolte.

Nous laissons à penser au lecteur quelle fut l'indignation et l'émotion des prisonniers à bord de tous les pontons, lorsqu'à huit heures du matin il leur fut donné connaissance de l'ordonnance du conseil dont nous avons parlé dans le précédent chapitre.

La lecture de cette inhumaine mesure, prise par le gouvernement anglais et placardée sur chaque mât, produisit d'abord un moment de stupeur étrange.

Aucun des Français ne pouvait croire à une semblable énormité.

Puis un même cri de fureur s'éleva, formidable, de tous les bords.

Sur le pont du Britannia surtout, la rage et la colère impuissantes étaient à leur comble.

Rawlow, qui avait voulu se donner la satisfaction d'assister à ce douloureux spectacle et de contempler l'effet produit sur ses victimes par cette nouvelle ignominie, Rawlow recula, effrayé de l'exaspération des prisonniers, et, croyant à une révolte immédiate, il fit avancer un piquet de soldats.

En effet, pour les geôliers, l'attitude des Français devenait inquiétante.

Des murmures sourds et incessants circulaient sur le pont du navire ; des regards d'audace et de mépris flamboyaient dans tous les groupes ; le meurtre de l'infortuné Dulaure revenait à la mémoire de chacun ; un désir de vengeance s'emparait des Français, qui se disaient que mieux valait mourir d'un coup les armes à la main que subir de nouvelles tortures et de nouvelles humiliations.

« Il faudrait que tous les pontons se révoltassent à la fois! dit un prisonnier nommé Kérouët, et qui, en sa qualité de marin breton, faisait partie des conjurés qui devaient fuir le surlendemain.

— Eh bien! répondit un autre, avertissons nos frères! »

Un maître charpentier se précipita vers l'endroit le plus élevé du pont et s'apprêta à faire jouer le télégraphe original à l'aide duquel chaque ponton pouvait correspondre avec ses voisins.

Hâtons-nous de dire que les Anglais ne soupçonnaient pas ce moyen de communication, et que jamais ils n'en découvrirent le secret.

Cet ingénieux télégraphe consistait en une table renversée placée dans un endroit apparent, et qu'un matelot faisait semblant de raccommoder.

Chaque pied de la table, selon la façon diagonale, horizontale ou perpendiculaire dont il était présenté, signifiait une lettre de l'alphabet.

Le maillet passé ou appuyé de telle ou telle manière, entre les pieds de la table, représentait également aussi une autre lettre.

« Nous avions acquis une telle habitude de la formation de ces signaux, dit Louis Garneray (dont la jeunesse s'est passée presque entière à bord des pontons anglais, et auquel nous avons déjà emprunté plusieurs détails historiques), que nous en étions arrivés à formuler en très-peu de temps d'assez longues phrases. »

Malheureusement, après quelques minutes, les Français du Britannia s'aperçurent que la brume empêchait leurs signaux de parvenir à destination.

Ce nouveau contre-temps augmenta leur colère.

Au pied du grand mât, Lacousinnerie et une douzaine d'officiers discutaient les mesures qu'il y avait à prendre.

Après une courte délibération, le capitaine corsaire, apaisant de la main les clameurs de ses compatriotes, se détacha des prisonniers et s'avança vers Rawlow.

Celui-ci le laissa approcher sans daigner faire un pas.

« Que voulez-vous? demanda-t-il brusquement.

— Je veux, répondit Lacousinnerie, vous parler au sujet de l'ordonnance que vous venez de faire placarder. Il est inutile que nous réclamions auprès du gouvernement, nos lettres seraient interceptées; mais cependant nous ne pouvons laisser exécuter, sans y répondre par une protestation énergique, l'acte sans nom dont la copie est clouée sur le mât. Je vous somme donc, capitaine, de répéter à qui de droit ce que je vais vous dire. Vouloir nous rendre responsables du départ de nos camarades, c'est vouloir nous forcer à descendre au rang d'espions et de traîtres; c'est vouloir, nous n'en pouvons douter, nous réduire à l'extrême désespoir. Mais le gouvernement a oublié qu'il avait affaire à de braves militaires habitués à envisager la mort en face, et nous jurons tous que, quel que soit le sort que l'on nous réserve, nous le subirons avec la noblesse qui convient à la grande nation à laquelle nous avons l'honneur d'appartenir. Nous préférons la mort à l'ignominie, qu'on le sache bien, et nous la subirons quand il en sera temps, de manière à laisser après nous un exemple de courage et de sang-froid, comme vous en laisserez un de cruauté et d'infamie !

— Oui ! nous le jurons ! » crièrent tous les prisonniers.

Rawlow haussa complaisamment les épaules.

« Croyez-vous donc bêtement, répondit-il, que si j'allais répéter vos sottes paroles au conseil de régence, il prendrait la peine de les écouter ? Mais, en tous cas, vous, qui faites l'orateur, comment vous nommez-vous ? »

Lacousinnerie se redressa avec fierté.

« Sur les rôles, je suis inscrit sous le nom de Thomas, répondit-il, mais je me nomme Lacousinnerie.

— Le corsaire ? s'écria Rawlow, de qui ce nom redouté était bien connu.

— Oui, Lacousinnerie le corsaire, qui a tué plus d'Anglais qu'il n'y a de fils d'or sur les torsades de vos épaulettes !

— Chien ! fit le commandant anglais en trépignant, oses-tu bien parler ainsi ? Sais-tu donc la différence qu'il y a entre un bandit de ton espèce et un noble Anglais ? Tu ne combats que pour l'argent, et nous, nous combattons pour la gloire et pour l'honneur !

— Eh bien ! fit Lacousinnerie avec un sourire railleur qui exaspéra son interlocuteur, eh bien ! n'est-ce pas naturel ? Nous combattons chacun pour acquérir ce qui nous manque !

— Insolent ! » hurla Rawlow.

Puis, se retournant vers ses hommes :

« Arrêtez ce rascal ! ordonna-t-il.

— M'arrêter ! Et pourquoi ? demanda le hardi marin sans reculer d'un pas.

— Pour être pendu dans une heure ; oui, pendu ! L'ordonnance va recevoir son application. Cette nuit, six prisonniers se sont évadés ; ce matin, douze d'entre vous seront pendus et toi en tête ! Soldats ! emparez-vous de cet homme et de onze de ses compagnons, à votre choix.

A cet ordre, Peters et ses soldats s'élancèrent sur Lacousinnerie et sur les autres prisonniers.

Mais la mesure était comble.

Une acclamation de fureur retentit de toutes parts. Les Français se précipitèrent en avant :

« Mort aux Anglais ! » s'écrièrent-ils.

Saisissant tout ce qui se trouvait à leur portée et dont ils pouvaient se faire une arme, arrachant quelques fusils aux mains des soldats qui les menaçaient, ivres de vengeance et de rage, les prisonniers établirent en quelques secondes une résistance sérieuse.

La lutte s'engagea aussitôt.

Le pont du Britannia se transforma en un vrai champ de carnage.

Ce fut un pêle-mêle immense, des imprécations, des cris de douleur, une bataille enfin !

Les soldats anglais, retranchés derrière les rambades, là où s'était réfugié Rawlow, n'osaient ni venir au secours des leurs, ni tirer sur la masse, dans la crainte de frapper leurs compatriotes.

Le drapeau d'alarme fut hissé rapidement, et un coup de canon retentit bientôt annonçant la révolte qui venait d'éclater.

Les Français, maîtres du pont par la fuite ou la mort de leurs ennemis, se précipitèrent dans la batterie aux cris confus de : « Vive la France ! mort aux Anglais ! »

Il s'agissait de boucher les meurtrières

pour ne pas être fusillés à l'arrière et à l'avant.

En un clin d'œil d'énormes barricades s'élevèrent en face des cloisons derrière lesquelles s'embusqueraient bientôt les Anglais.

Tables, bancs, meubles, hamacs, effets, tout devint un rempart formant une muraille épaisse.

Désormais il fallait pénétrer dans la batterie à la baïonnette.

Des couteaux, des compas emmanchés au bout de longs bâtons, des fleurets brisés, des maillets, des pieds de table devinrent, entre les mains des révoltés, autant d'armes redoutables.

Bien décidés à périr tous plutôt que de laisser prendre les douze victimes expiatoires, les Français attendirent de pied ferme l'arrivée des secours demandés par Rawlow.

L'entrée de la batterie fut barricadée également.

Tout à coup un grenadier de la garde impériale, sorte de colosse, se précipita au milieu de ses camarades, traînant un Anglais dont il étreignait la gorge de ses mains puissantes.

Cet Anglais était le caporal Peters.

« Voici l'assassin de Dulaure ! s'écria le grenadier. En attendant qu'on nous fusille, vengeons toujours notre frère !

— Oui ! oui ! dit-on de toute part. Tuons l'Anglais !

— Il faut le juger ! firent observer quelques-uns.

— Jugeons-le ! » répéta la foule.

Peters, saisi, enlevé, emporté, fut jeté sur le plancher au milieu de la batterie.

Le tribunal se rassembla.

Rien de plus simple ni de plus régulier, quant à la forme, qu'un procès à bord d'un ponton.

Pour réprimer les délits qui pouvaient journellement se commettre, pour châtier les voleurs, punir les traîtres ou venger un innocent, les prisonniers avaient institué un jury dont les membres et le président étaient nommés chaque année.

Ce jury se composait de sept personnes.

Sur le Britannia, Lacousinnerie était président.

Debout et appuyé au grand mât, le corsaire, assisté de ses co-juges, se prépara à commencer l'interrogatoire.

Des sentinelles veillaient aux sabords et à l'entrée de la batterie.

Un matelot, parlant anglais, fut désigné pour servir d'interprète.

Un autre, armé d'une lime affilée, se tint prêt à frapper l'accusé, s'il opposait la moindre résistance.

Le caporal, pâle et suppliant, promenait autour de lui un regard effaré.

« Accusé, commença Lacousinnerie d'une voix grave, avouez-vous avoir tué cette nuit le matelot Dulaure ? »

Un oui faiblement articulé sortit des lèvres de l'Anglais.

« Vous l'avez frappé lâchement ! par derrière. »

Peters ne répondit pas.

Son œil terne s'alluma soudain, et sa pâleur disparut.

Il sembla même reprendre une partie de son assurance.

C'est que derrière ses juges, au-dessus de la tête de Lacousinnerie, l'Anglais venait de voir se dresser tout à coup une physionomie froide et impassible, qui lui apparut comme celle d'un ange libérateur.

C'était André qui venait de s'approcher du tribunal, André dont la conduite, plus inexplicable que jamais, avait soulevé de nouveau depuis une heure les soupçons de Lacousinnerie.

En effet, après avoir lu comme les autres la nouvelle ordonnance du conseil, le Breton, sans laisser échapper une seule parole d'indignation, sans faire un geste de colère, était redescendu tranquillement dans la batterie.

Là, assis à sa place habituelle, il s'était mis à travailler comme à son ordinaire.

Le tumulte qui avait éclaté sur le pont, le combat acharné qui s'y était livré l'avaient laissé calme et insouciant.

Il n'avait pas fait un mouvement.

Deux fois seulement son œil s'était animé, et un frémissement avait parcouru son corps.

Puis il avait courbé la tête, éteint le feu de ses prunelles et repris son travail.

Quelques prisonniers, Lacousinnerie entre autres, avaient remarqué l'absence d'André durant la bataille.

Peut-être, en redescendant dans la batterie, le corsaire allait-il demander à André l'explication de sa conduite ; mais la rapidité des événements accomplis s'y était opposée.

Il fallait d'abord prendre des mesures de sûreté générale, puis, ces mesures prises, l'arrivée de Peters avait accaparé l'attention de l'intrépide Breton.

En voyant André, qu'il savait dévoué aux Anglais, Peters s'était subitement suspendu à un espoir de délivrance.

L'intérêt personnel, pensait-il, devait lui faire de l'espion un protecteur puissant contre les fureurs des prisonniers.

Aussi fut-ce avec une sorte d'indifférence qu'il entendit les dépositions des témoins qui constataient la perpétration du meurtre dont on l'accusait.

Cependant le tribunal des pontons jugeait rapidement.

Les témoins entendus, Lacousinnerie résuma à voix haute l'accusation, reçut l'opinion des juges et prononça immédiatement un verdict de mort.

Peters pâlit.

André était toujours impassible.

Des bravos sanctionnèrent la sentence prononcée.

Vingt prisonniers se précipitèrent à la fois sur le condamné, impatients de venger la mort du novice bordelais.

Terrassé, renversé en un clin d'œil, le caporal vit avec terreur vingt lames prêtes à le lacérer.

Un cri expira dans sa gorge sèche.

Tout à coup, André bondit, écarta les poignards et repoussant les exécuteurs avec violence :

« Ne le tuez pas! s'écria-t-il, je vous le défends! »

Les Français stupéfaits s'arrêtèrent, mais des vociférations poussées de toutes parts succédèrent immédiatement au premier mouvement qu'avait provoqué l'étrange intervention du Breton.

« Je vous défends de tuer cet homme, répéta André en tenant sous son regard le premier rang des prisonniers.

— A mort le traître qui protége l'Anglais ! hurla la foule avec rage.

— Prends garde ! s'écria Kerouët en s'avançant vers André.

— A quoi ? » répondit fièrement celui-ci.

Lacousinnerie se jeta entre eux.

« Laisse exécuter l'arrêt du tribunal, dit-il au défenseur de Peters. Après cela, tu auras, toi-même, à nous expliquer ta conduite !

— Oui ! ajouta Kerouët, tu nous diras pourquoi tu ne t'es pas joint à nous tout à l'heure, pourquoi durant le combat tu n'étais pas sur le pont ?

— Parce que j'étais dans la batterie, répondit André.

— Ta place était au milieu de nous ! dit sévèrement Lacousinnerie.

— Ma place était où il me convenait d'être ! » fit le matelot avec une extrême hauteur.

Cette réponse provoqua un murmure général.

Depuis quelques instants, les prisonniers se rappelant les mystères qui entouraient les moindres actions du Breton, le nom de traître circulait dans tous les groupes.

Kerouët surtout semblait acharné à cette accusation.

Faisant partie des conjurés, songeant aux dangers qui avaient dû assaillir ses amis la nuit précédente, furieux de voir avorter un plan qui faisait toute son espérance, certain que le secret avait été vendu aux Anglais, il ne doutait pas qu'André fût le lâche délateur qui avait trahi ses frères.

L'intervention du matelot à propos de la punition du caporal venait de l'affermir encore dans ses pensées.

« Les instants sont précieux, dit-il en repoussant Lacousinnerie qui n'osait se prononcer, les soldats anglais vont arriver, nous serons probablement tous massacrés, il faut avant cela que nous connaissions la vérité et que nous punissions l'infâme espion qui nous a perdus. »

Puis se retournant brusquement vers André qui, toujours impassible, se tenait placé près de Peters :

« Écoute et réponds ! continua-t-il d'une voix frémissante. La nuit dernière un misérable a livré le secret d'évasion ! Ce misérable, je crois le connaître. Je l'ai surveillé, André ! Depuis longtemps tes relations étranges avec cet homme que tu protéges à cette heure me paraissent suspectes. Hier, au moment du dîner, tu as été appelé par lui encore. La nuit tu as quitté la batterie à l'aide d'un moyen que j'ignore, mais moins d'une heure après la sortie, l'évasion qui venait d'avoir lieu était révélée aux Anglais qui donnaient la chasse à nos amis. Peut-être les malheureux ont-ils été tués ou noyés. Ce matin tu es demeuré calme et froid en présence de l'ordre ignoble qui nous était signifié. Tes frères ont couru aux armes, et tu as quitté le pont ; ils se sont battus courageusement contre leurs bourreaux et tu n'as pas daigné leur porter secours... Enfin maintenant tu prétends t'opposer à ce que justice soit rendue, à ce que le meurtrier d'un Français soit puni !

— Et que conclus-tu? demanda hardiment André.

— Je conclus que tu es le traître dont je parlais, que c'est toi qui nous as livrés, qui nous as vendus, car ta poche est pleine d'or, André ! »

Et d'un geste rapide Kerouët, arrachant la veste du Breton, fit tomber sur le plancher une pluie de livres sterling.

« Je t'ai accusé, s'écria-t-il d'une voix tonnante, réponds donc et défends-toi ! »

En sentant la main de Kerouët se porter sur lui, André était devenu d'une pâleur livide.

Ses épais sourcils s'étaient rapprochés, les veines de son front et de son cou s'étaient subitement gonflées et une lueur fauve avait jailli de sa prunelle dilatée.

Les prisonniers, oubliant le caporal Peters, avaient resserré le cercle qui entourait le pied du grand mât.

André et Kerouët, face à face, semblaient deux adversaires prêts à s'élancer l'un sur l'autre.

Le matelot avait tiré de la poche de son pantalon le poignard qu'il avait pris la veille chez le commandant Rawlow, mais, dominant tout à coup la poignante colère qui s'était emparée de lui, il jeta l'arme à ses pieds et croisa ses bras sur sa large poitrine en promenant autour de lui le regard de son grand œil fier.

« N'as-tu donc pas entendu que l'on t'accusait d'espionnage et de trahison? s'écria Lacousinnerie, frappé de la contenance calme et superbe du Breton.

— Si, j'ai entendu, répondit André.

— Et que peux-tu répondre ?

— Rien !

— Ainsi, tu avoues avoir livré tes frè-

— Je l'avoue ! »

A cette réponse nette et précise, faite d'une voix claire et intelligible, une indignation furieuse éclata de tous côtés.

En avouant son infamie, André venait de prononcer sa condamnation.

Il était évident que rien ne pouvait le sauver.

Vingt couteaux se levèrent d'un même mouvement et formèrent un cadre de lames aiguës et tranchantes autour du Breton, dont la physionomie gardait une impassibilité de glace.

Pas un de ses muscles ne tressaillit en présence du danger imminent.

Pendant ce temps, les chaloupes pleines de soldats, amenant des renforts au Britannia, s'avançaient rapidement vers le ponton.

XVI

L'inconnu.

« Les Anglais! cria l'une des sentinelles placées par les prisonniers auprès des sabords. Les chaloupes vont accoster!

— Vengeance alors! hurla la foule.

— Mort à l'Anglais, mort au traître? s'écrièrent les Français qui entouraient André et Peters.

— Tue! tue! » répondirent ceux qui formaient les derniers rangs.

Nous l'avons dit, un banc était situé au pied du grand mât et servait de siége au tribunal.

Tout à coup, à l'instant même où les poignards s'abaissaient, André bondit sur ce banc, dominant ainsi du buste, la foule des détenus.

Comme la nuit précédente, lors du comptage, la physionomie du matelot avait subi une transformation complète.

On eût dit que le danger avait le don de métamorphoser les traits du singulier personnage.

André n'était plus le même homme.

Son apparence de froideur glaciale, son expression impassible avaient fait place à une énergie ardente, à une fureur sauvage.

L'audace, le courage, l'intelligence, formaient une resplendissante auréole autour de son front élevé.

En quelques secondes André avait grandi de dix pieds : l'homme vulgaire, le simple matelot s'effaçaient devant le chef intrépide, devant l'homme de génie !

Lacousinnerie et Kerouët placés près de lui et frappés les premiers par cet étrange changement, poussèrent ensemble une exclamation subite : Lacousinnerie un cri de joie, Kerouët un cri de stupeur.

Puis tous deux, sans avoir la conscience de leurs actes, se précipitèrent entre André et les prisonniers qui s'élançaient pour frapper l'espion.

Mais leur intervention était inutile.

André fit un geste et lança un regard.

Mais ce geste était empreint d'une telle souveraineté, ce regard était chargé d'une telle puissance magnétique, que la foule s'arrêta et que les poignards s'abaissèrent sans frapper.

« Silence et attention ! dit André de cette voix impérieuse qui n'appartient qu'à l'homme habitué au commandement suprême. Écoutez-moi et ne perdez pas une seule de mes paroles, car de ces paroles dépendent à cette heure votre existence et votre liberté à tous ! Vous avez voulu me tuer, vous le voulez encore ! vous m'avez appelé espion et traître, vous m'avez accusé d'avoir vendu mes frères. Eh bien ! oui ! je suis un espion, car depuis deux années j'épie soigneusement chacun de vos actes, chacun de vos projets. Oui, je suis un traître, car ces projets de révolte ou d'évasion je les ai tous dénoncés. Oui, j'ai vendu mes frères, car l'or que je possède provient du prix de mes délations; et depuis quatorze mois j'ai amassé plus de douze cents livres sterling! »

A cet aveu inattendu un frémissement de courroux fit tressaillir la masse des prisonniers.

Quelques-uns d'entre eux se souvenaient de la douleur que leur avait causée la non-réussite d'un plan qui leur avait coûté de nombreuses nuits de travail, d'insomnies, d'espérances folles et de déceptions cruelles.

André, sans se soucier de ces marques de sourde colère, continua :

« Donc vous voulez me tuer? Eh bien! tuez-moi! mais qu'ils me frappent les premiers ceux que j'ai préservés de la faim en leur abandonnant mes rations; qu'ils me frappent les premiers ceux que j'ai secourus de ma bourse quand la misère les livrait nus aux intempéries de la saison; qu'ils me frappent les premiers ceux que depuis deux jours j'ai sauvés par mes soins des atteintes de la fièvre jaune, en les empêchant de suivre les fatales prescriptions du médecin; qu'ils me frappent les premiers enfin, ceux que j'ai arrachés à une mort certaine en m'opposant à leur fuite ou à leurs plans incomplets de révolte! Ne savez-vous donc pas ce qui se passe à bord des autres pontons? ignorez-vous donc que depuis deux ans plus de quinze cents Français n'ont réussi à quitter leurs prisons que pour aller trouver une mort affreuse sous les vagues de la mer, sur les bancs de vase, sur les côtes, dans l'intérieur des terres; que pas un de ces malheureux, succombant sous la fatigue, sous le froid, sous la faim, sous les baïonnettes anglaises, n'a revu son pays? A bord du Britannia la maladie seule n'a-t-elle pas causé la mort? Pouvez-vous dire le contraire? Non, n'est-ce pas? Eh bien, voyons! qui frappe l'espion, le traître? qui l'accuse encore? qui veut le punir? »

Et André quittant le banc sur lequel il était monté, s'avança lentement au milieu des prisonniers.

Ceux-ci reculèrent et ouvrirent leurs rangs.

« Quoi! reprit le Breton en secouant douloureusement sa belle tête. Quoi! tous ici m'aviez donc accusé d'infamie! Quoi! pas un de vous n'a pris la parole pour me défendre? Suis-je donc changé à ce point, êtes-vous aveugles vous-mêmes, ou cette chevelure postiche qui me couvre le crâne, m'a-t-elle si bien déguisé que pas un ne m'ait reconnu? Et cependant, plus de soixante de vous ont servi sous mes ordres, plus de denx cents ont fait la guerre sur l'océan Indien! Ici n'y a-t-il pas des Malouins, n'y a-t-il pas des Bretons, ne se trouve-t-il pas de vieux soldats de l'armée d'Italie? Quoi! pas un seul n'a deviné son chef, pas un n'a reconnu l'ami de Surcouf, le corsaire redouté des brasses du Bengale, l'enfant de Saint-Malo, le marin qui a sauvé à Venise un bataillon de la garde consulaire, pas un seul ne m'a tendu la main? »

Et l'homme étrange arrachant avec un geste sublime sa chevelure factice et son gilet de laine, découvrit sa tête intelligente et son torse herculéen sillonné par un nombre incalculable de nobles cicatrices.

« Marcof! s'écrièrent en même temps Lacousinnerie, Kerouët et cent autres prisonniers. Marcof le malouin! Marcof le corsaire! l'inséparable de Surcouf!

— Eh oui! Marcof! reprit l'audacieux marin dont le nom était connu des ennemis de la France à l'égal de celui de Surcouf. Oui, Marcof! qui depuis trois ans habite les pontons. Marcof! qui dix fois aurait pu fuir seul, mais qui n'a pas voulu abandonner ses compagnons de misère jusqu'au jour où un moment favorable leur rendrait à tous la liberté; Marcof! qui épie patiemment ce moment depuis plus de trois années; Marcof qui a su gagner la confiance des Anglais et exploiter cette confiance; Marcof enfin qui vous dit aujourd'hui : « Frères, j'ai dans une cachette à terre ferme, des armes pour vous défendre et vingt mille francs pour vous aider à fuir. Ce soir même ce ponton incendié s'abîmera dans la mer, ce soir Rawlow, ses officiers et ses soldats seront morts, ce soir enfin nous rejoindrons Surcouf dans des chaloupes anglaises! »

A ces paroles, les prisonniers ne pouvant en croire leurs oreilles, demeurèrent muets et silencieux.

Ces hommes qui depuis de longues années souffraient dans leurs prisons humides, qui vingt fois avaient vu leurs espérances détruites et leurs douleurs augmentées, qui, en ce moment même, s'attendaient à être punis cruellement de leur révolte du matin, ces hommes se croyaient le jouet d'une illusion fatale en entendant parler d'une liberté prochaine.

Alors au silence et à la stupéfaction succéda un cri immense, un cri de joie folle dont le bruit fit tressaillir d'épouvante Rawlow et ses soldats réfugiés à l'arrière sur le tillac et fit croire aux renforts arrivant sur les canots de l'amirauté que la rébellion éclatait plus furieuse.

« Mais, s'écria Kerouët, Surcouf nous attend-il encore et nos amis sont-ils parvenus jusqu'à lui ?

— Surcouf est à Gosport, prêt à tout, et les fugitifs sont sauvés, répondit Marcof. A l'aurore naissante, j'ai aperçu un feu bleu sur la pointe de Gosport, et ce feu m'annonçait la première réussite de notre plan. C'était un signal convenu entre Surcouf et moi.

— Quoi! dit Lacousinnerie avec étonnement. Existait-il donc entre toi et Surcouf des rapports que nous ignorions ?

— Sans doute. Sans moi, sans l'argent que j'ai employé à payer un fournisseur, aurais-tu reçu sa dernière lettre ? Je te répète que Surcouf et moi avons tout combiné.

Seulement lui ne pensait sauver que ses amis, et j'avais juré, moi, de délivrer d'un même coup tous les hommes de ce ponton. Depuis trois ans j'attends et je veille, mais depuis trois ans j'ai vu tant de révoltes avorter, tant d'évasions mal conduites, que je voulais des certitudes. Ce qui s'est passé ce matin m'a démontré que l'instant était venu d'agir. Vous êtes prêts, n'est-ce pas?

— Oui! oui! répétèrent les prisonniers avec enthousiasme.

— Mais les Anglais! s'écria Lacousinnerie. Les Anglais qui arrivent en force.

— Eh bien! nous les tromperons.

— Ils accostent! s'écria l'une des sentinelles.

— Voulez-vous m'obéir sans discussion? fit Marcof.

— Oui! oui! répondit-on de toutes parts.

— Eh bien! laissez prendre douze d'entre vous. Ils seront mis au cachot sous le faux pont, car dans tous les cas on ne pourrait les pendre que demain matin. Défaites les barricades, ayez l'air de vous soumettre; attachez solidement Peters et cachez-le dans un coin! Surtout ne le tuez pas! Il nous servira! . . . .

— Est-ce tout? demanda Lacousinnerie.

— Non! maintenant, il faut que je puisse fuir moi-même, en plein jour. Pour cela, armez-vous et chassez-moi! Supposez que je sois réellement espion et traître! Poursuivez-moi pour me tuer et forcez-moi, une fois sur le pont, à sauter à la mer, le reste me regarde.

— Les Anglais! les Anglais! » répétèrent quelques prisonniers.

En effet les chaloupes étaient arrivées et l'on entendait résonner sur le pont du Britannia les pas des soldats et les crosses des fusils que l'on chargeait.

« N'hésitez pas! s'écria Marcof. Poursuivez-moi, frappez-moi ou je ne réponds de rien. »

Et le corsaire saisissant un poignard, lacéra lui-même ses habits et se blessa au bras gauche en deux endroits pour faire couler le sang, puis poussant un cri, il s'élança vers l'écoutille.

Lacousinnerie, Kerouët et la moitié des prisonniers se précipitèrent sur ses traces.

Alors, ce fut une comédie sublime que jouèrent ces malheureux.

Marcof paraissant haletant, épuisé, fou de

terreur, bondit sur le pont toujours poursuivi par les Français aux cris de : « Mort à l'espion ! mort au traître ! »

Les Anglais surpris voulurent le défendre, mais le malheureux parut ne pas comprendre leur intention bienveillante, car il rebroussa chemin et s'élança sur l'avant.

Là, traqué, pris entre les poignards qui le menaçaient et les bastingages, il franchit la poulaine et se jeta tête baissée à la mer.

« Ainsi périssent les traîtres ! » dit Lacousinnerie en se retournant.

Les soldats Anglais couchaient en joue les prisonniers.

Le capitaine corsaire s'avança.

— Nous nous rendons, dit-il, vous pouvez faire de nous ce que vous voudrez ! »

Deux canots quittèrent immédiatement le Britannia pour porter secours à l'espion, mais les Anglais parcouraient en vain du regard la mer unie et calme, ils ne voyaient rien.

« Le rascal se sera noyé, dit tranquillement l'officier qui commandait l'une des embarcations, ce soir, on retrouvera son cadavre sur les bancs de vase. »

XVII

La malade.

Tandis qu'à bord du Britannia le commandant Rawlow, peu satisfait de la subite et inattendue obéissance des Français, obéissance qui ne lui permettait plus l'extrême rigueur, se contentait de faire un choix des prisonniers devant payer de leur vie la liberté conquise par leurs frères, et de faire descendre au cachot les malheureuses victimes expiatoires, tandis que les détenus frémissant d'impatience et d'anxiété, regagnaient l'intérieur de leur prison sans avoir pu découvrir, non plus que les Anglais, ce qu'était devenu Marcof, tandis que celui-ci, avec l'habileté et l'audace d'un nageur vigoureux, gagnait entre deux eaux l'arrière d'un petit bâtiment de pêche ancré à quelque distance, et derrière le gouvernail duquel il se blottissait, se cachant à tous les regards, la pauvre Marthe, brisée de douleurs et de fatigues, épuisée par les terribles émotions dont elle avait reçu en quelques heures le choc successif, la pauvre Marthe gisait, en proie à une fièvre ardente, dans la chambre où l'avait fait transporter Cœlia, la gracieuse femme du noble officier anglais.

Depuis le moment où sir Georges avait été si singulièrement ému par la lecture du papier mystérieux tombé des vêtements de la Bretonne, depuis l'instant où il avait entraîné Fuller auprès du lit de la malade, celle-ci n'avait donné d'autre signe d'existence que quelques gestes convulsifs de ses bras demi-nus, et quelques soupirs échappés de sa gorge sèche.

Le bon docteur s'était empressé de lui prodiguer ses soins.

A demi penché sur la jeune Française, il avait examiné attentivement le front empourpré et les traits contractés de la pauvre enfant, tandis que son doigt suivait sur le poignet les battements précipités de l'artère.

Cœlia et Georges attendaient avec une anxiété visible.

L'examen du médecin fut bref : se redressant vivement, il courut à un cordon de sonnette qu'il agita avec force.

Un domestique entra presque aussitôt.

« Vite! dit le docteur en précipitant ses paroles. Ma trousse que j'ai laissée dans le salon, en bas, des bandes de toile, un bassin et de l'eau fraîche! Dépêchez-vous! dans cinq minutes il sera trop tard.

— Mon Dieu! s'écria Cœlia, tandis que le domestique s'élançait hors de la chambre. Qu'a-t-elle donc?

— Une inflammation aiguë du cerveau qui menace de produire une attaque de paralysie de l'organe.

— Oh! mais vous la sauverez, docteur?

— Je l'espère. Du moins je vais le tenter. »

Le domestique rentrait apportant ce qu'avait demandé Fuller.

Sir Georges se mit en devoir d'aider son ami.

Marthe ne paraissait pas avoir conscience de ce qui se passait autour d'elle.

Fuller pratiqua une saignée abondante et ordonna d'entretenir sur le front des compresses d'eau glacée, puis voyant les traits de la malade se détendre légèrement et sa face devenir plus pâle sous l'effet de ce premier traitement, il alla s'asseoir à quelque distance du lit, près d'une fenêtre.

« Attendons, dit-il à Georges qui l'avait suivi. Maintenant il y a prostration. Dans quelques heures, si le sommeil peut venir, le calme succédera à la fièvre.

— Dieu t'entende ! répondit le commandant.

— Mais quel intérêt as-tu donc pris subitement à cette jeune femme?

— Quel intérêt ?

— Oui.

— N'as-tu pas entendu la lecture du billet que Cœlia a trouvé sur elle ?

— Si fait.

— Eh bien?

— Eh bien ! je ne comprends pas.

— Quoi ! as-tu oublié ce que je t'ai raconté cent fois? Ne sais-tu pas que deux hommes sont apparus deux fois dans ma vie comme deux anges tutélaires?

— En effet, je le sais, mais en me confiant le récit de ces deux nobles traits auxquels tu fais allusion, tu m'as toujours caché les noms de leurs auteurs.

— Parce que ces noms sont ceux de deux ennemis mortels de mon pays, parce que je n'osais pas avouer, même à mon meilleur ami, ce que je devais à deux Français, mais aujourd'hui les circonstances parlent trop haut pour que je puisse me taire.

—Quoi! s'écria Fuller, l'un de ces hommes auquel tu dois ton bonheur serait...

— Surcouf! Surcouf lui-même, répondit sir Georges, et l'autre est le signataire de cette lettre.

— Mais cette lettre n'est pas signée.

— Regarde dans cet angle! »

Et sir Georges montrait à Fuller le signe mystérieux qui avait si fort impressionné successivement Marthe, Cœlia et lui-même.

« Eh bien! fit le médecin, que signifie ce hiéroglyphe?

— Ce hiéroglyphe, s'écria Georges, ce hiéroglyphe veut dire...

— A boire ! » murmura Marthe en faisant un léger mouvement.

Fuller se précipita vers la malade, à laquelle Cœlia présentait un breuvage préparé à l'avance.

Le docteur fit un geste brusque d'impatience.

« Qu'est-ce donc? demanda la jeune femme.

— La fièvre revient avec plus de force, répondit Fuller. Cette saignée ne suffira pas.

— Mon Dieu ! le danger ne diminue pas alors ?

— Il augmente au contraire ! »

En effet, après avoir trempé ses lèvres violacées dans le verre que lui offrait la jolie Anglaise, Marthe était retombée sur les oreillers qui soutenaient sa tête.

Sa respiration, embarrassée, sifflait dans sa poitrine, ses yeux démesurément ouverts, n'avaient plus de regards, et l'eau glacée qu'on lui posait incessamment sur le front, tiédissait rapidement au contact de la chair brûlante.

La saignée pratiquée par le médecin n'avait amené qu'un calme momentané.

Fuller, les sourcils contractés, secouait la tête tout en préparant une seconde bande de toile.

« Le désordre est complet, murmura-t-il.

— Elle peut mourir? fit Georges en saisissant le bras de son ami.

— Si je ne puis pas arrêter l'aflux du sang au cerveau, avant quelques heures la pauvre petite aura succombé.

— Mais en ce moment, pourrait-elle parler au moins ?

— Non.

— Me comprendre?

— Impossible! Il y a paralysie du cerveau.

— Mon Dieu ! mon Dieu!... Et ne rien savoir! s'écria le commandant du Protée. Ne pouvoir rien faire, rien tenter pour les secourir, pour les sauver, tandis que la mort les environne ! Oh! cela est impossible ! Il faut que je voie... que je sache.

— Georges! où vas-tu? dit vivement Cœlia en arrêtant son mari qui se précipitait hors de la chambre.

— A Portsmouth! Là au moins j'aurai des nouvelles. Toi et Fuller, veillez sur cette jeune femme et sauvez-la. »

Et Georges, s'élançant au dehors, ordonna qu'on lui préparât sur-le-champ le meilleur cheval de ses écuries.

Cinq minutes après, dévoré par l'inquiétude et l'impatience, il parcourait au galop la route que la pauvre Marthe avait suivie à pied la nuit précédente, et il entrait dans la ville au moment même où, à bord du *Britannia*, les prisonniers poursuivant le faux espion forçaient celui-ci à s'élancer dans la mer.

Comme il longeait au grand trot la façade de l'arsenal, Georges aperçut un officier du *Protée* dont il connaissait le caractère droit et l'âme généreuse, et qui, sortant du bâtiment, se dirigeait vers le port.

Sir Georges arrêta brusquement sa monture.

« James ! » fit il en appelant l'officier de marine.

Celui-ci se retourna et, reconnaissant son chef, il accourut vers lui.

« Vous m'appelez, commandant? dit-il en posant sa main sur l'encolure humide du cheval.

— Oui, James. Je viens aux nouvelles. Qu'y a-t-il?

— Mais rien de nouveau que je sache depuis la révolte du Britannia.

— Quoi ! les prisonniers du Britannia se sont révoltés ?

— Oui, commandant.

— Quand cela ?

— Ce matin aux premières heures du jour.

— Et sait-on à quel propos ?

— A propos de la nouvelle ordonnance. »

Georges poussa un soupir, et son interlocuteur baissa tristement la tête.

— Et, reprit le commandant du Protée, cette révolte est-elle terminée ?

— Elle doit l'être. Le commandant Rawlow a fait les signaux d'usage : on a envoyé un bataillon d'infanterie à son secours, et tout paraît être rentré dans le calme.

— Et à bord des autres pontons ?

— Il n'y a rien eu.

— Ainsi le Protée ?

— Est toujours dans le même état. Nos Français sont fidèles à leur serment.

— Dieu soit loué. Je n'aurai pas à punir. Mais, dites-moi, James, a-t-on retrouvé les traces des prisonniers qui se sont évadés la nuit dernière ?

— Aucunes, commandant.

— Vous en êtes sûr?

— J'en suis certain. Le commandant du port m'en parlait il n'y a pas cinq minutes. On n'y comprend rien. Les côtes ont été soigneusement fouillées, aucune embarcation n'a pu ni ne peut encore franchir les passes sans subir le plus minutieux contrôle, et cependant on n'a rien trouvé.

— Que peuvent-ils être devenus?

— On l'ignore. L'opinion générale est que les fugitifs ont dû succomber au froid et périr sous les eaux glacées.

— Cela n'est que trop probable! » murmura Georges.

Le jeune officier secoua la tête.

« C'est possible, dit-il, mais cependant je ne le crois pas.

— Pourquoi? demanda vivement le commandant du Protée.

— Parce que les prisonniers français ont dû être recueillis par cette chaloupe qui a forcé nos lignes d'une façon si hardie et si surprenante.

— C'est vrai! Et cette chaloupe? qu'est-elle devenue? Vous devez le savoir, James, puisque vous êtes resté l'un des derniers à sa poursuite après vous y être lancé le premier?

— J'ai effectivement concentré tous mes efforts et tous ceux de mes canotiers pour atteindre cette embarcation étrange, mais je n'ai pu réussir à changer seulement mes doutes en certitude. A la pointe de Gosport, la chaloupe, vous le savez, a disparu tout à coup dans les ténèbres, et depuis ce moment on n'a pu retrouver son sillage.

— Cependant, ou elle a pris terre à Gosport, ou elle a doublé la pointe.

— Elle n'a pas doublé la pointe, car elle aurait dû faire un long détour afin d'éviter les barques de pêche qui sont amoncelées à cet endroit, et dans ce cas nous eussions eu le temps de la rejoindre, puisque toutes nos chaloupes se sont immédiatement déployées en demi-cercle. Elle n'a pas touché terre non plus, puisque les côtes ont été fouillées, je vous le répète, avec une attention extrême.

— Elle ne peut pourtant pas s'être envolée dans les airs ou s'être abîmée sous les eaux.

— Aussi suis-je convaincu qu'il y a dans toute cette affaire un secret bien gardé que nous ignorons.

— En somme, quelle est votre opinion?

— Je n'en ai qu'une, commandant. C'est que le patron qui gouvernait cette chaloupe et que les hommes qui la montaient ont joué avec une adresse et une audace incroyables un jeu dangereux pour leur cou. Si ce sont des amis des prisonniers, comme il est impossible de ne pas le croire, il faut qu'ils soient en même temps les coquins les plus déterminés et les marins les plus endiablés qu'il y ait au monde ! Je n'oublierai jamais la réponse railleuse et le geste provocateur de celui qui tenait la barre. Je parierais mes épaulettes que ces hommes qui se sont introduits ici, on ne sait comment, sont des corsaires de France. Il n'y a qu'eux pour avoir une pareille effronterie ! »

Sir Georges fit un brusque mouvement et se frappa le front du plat de sa main droite.

« Vous avez raison, James ! dit-il vivement. Vous avez raison. »

Puis il ajouta à part lui :

« Mon Dieu ! où avais-je la tête ! Il n'y a pas à douter cependant. Ce sont eux ! Surcouf et Marcof sont seuls capables d'un semblable trait d'audace et de dévouement ! Ils sont à Gosport ! C'est là que je les trouverai que je pourrai enfin acquitter ma dette ! Oh ! je saurai bien les découvrir, moi ! »

Et se retournant vers James.

« Vous allez vous rendre chez l'amiral, reprit-il à haute voix. Vous lui direz qu'une affaire importante, imprévue, me force à m'absenter toute cette journée. Vous le supplierez de m'excuser..... vous lui direz que demain je viendrai moi-même me mettre à sa disposition s'il veut me punir, mais que je ne puis..... enfin, James, vous lui direz ce que vous jugerez convenable..... vous comprenez ?

— Oui, commandant.

— Eh bien ! courez vite et retournez ensuite à bord.

— J'obéis, commandant. »

Et James, devinant au trouble de son chef, que celui-ci était sous le coup de quelque événement douloureux, salua rapidement, et il s'apprêtait à s'éloigner, lorsqu'un nouveau personnage, portant également l'uniforme de la marine anglaise, déboucha par une rue voisine.

En apercevant sir Georges, il se dirigea vers lui.

« Que me voulez-vous, monsieur ? demanda brusquement Georges en reconnaissant dans le nouveau venu un officier attaché au transport-office et qu'il savait être l'un de ses nombreux ennemis personnels.

— Commandant, répondit l'officier en s'inclinant, je me rendais à votre cottage lorsqu'un hasard heureux m'a fait vous rencontrer. J'ai à vous transmettre l'ordre de vous rendre immédiatement au conseil.

— Eh bien! dites que je vais vous suivre.

— Pardon, commandant, il faut que vous me fassiez l'honneur de m'accompagner.

— Moi, monsieur? s'écria Georges avec surprise.

— Vous-même, commandant.

— Mais à quel propos cet ordre étrange?

— Je l'ignore.

— Prétend-on me traiter en coupable?

— A Dieu ne plaise, commandant, mais tous les commandants des pontons sont rassemblés en ce moment au transport-office, et il paraît que votre présence est indispensable.

— Il y a du Weis là-dessous! » murmura sir Georges en haussant les épaules.

Son interlocuteur entendit les paroles et remarqua le mouvement.

« Le docteur Weis est effectivement au conseil, dit-il en souriant.

— C'est bien, monsieur, je vous accompagne. »

Et le commandant du Protée, contenant à grand'-peine son impatience et sa colère, ordonna à James de retourner immédiatement à bord du ponton, et, se tournant vers l'envoyé du transport-office, lui fit signe qu'il était prêt à le suivre.

James salua de nouveau son chef, avec lequel il échangea un coup d'œil d'intelligence, et Georges, accompagné de l'officier, se dirigea vers la maison où le transport-office avait établi ses bureaux.

XVIII

Le transport-office.

Ce jour–là, et à la suite d'une longue conférence entre le docteur Weis et l'agent général de l'institution si cruellement fatale aux pauvres prisonniers, le conseil du transport-office s'était réuni en assemblée extraordinaire.

Tous les commandants des pontons étaient présents, à l'exception toutefois de Rawlow, retenu à bord du Britannia par les mesures de sûreté à prendre à la suite de la révolte du matin, et de sir Georges, que le président venait seulement d'envoyer quérir.

L'estimable docteur Weis siégeait à la droite de l'agent général en sa qualité avouée de secrétaire de l'assemblée, et en celle particulière de conseiller privé du président.

Les membres du transport-office étaient assis autour d'une immense table recouverte de cet inévitable tapis vert que chacun connaît.

Weïs, dont la petite figure de fouine s'animait par moments des reflets d'un contentement intérieur qu'il ne cherchait pas à dissimuler, Weis promenait autour de lui le regard fauve de son œil rond qui lançait des étincelles, tandis que sa lèvre plate et décolorée ébauchait un abominable sourire.

La cause de cette réunion extraordinaire, le lecteur la devine sans doute, ou il la devinera très-certainement, s'il se rappelle le vœu de vengeance formulé contre sir Georges par le docteur, la nuit précédente, à la porte même du cottage.

En effet, combinant adroitement son plan, se servant des événements divers qui s'étaient passés la veille, réunissant ensemble la fuite des prisonniers, l'arrivée inattendue de la chaloupe libératrice, la présence de Marthe près de la demeure de sir Georges, il avait lancé une accusation contre le loyal commandant du Protée.

Peut-être cette accusation n'eût-elle pas résisté à un examen scrupuleux de la part de juges impartiaux ; mais tous les membres du transport-office étaient prévenus contre sir Georges, qui pouvait compter parmi eux un grand nombre de mortels ennemis.

La conduite du mari de Cœlia envers ses prisonniers, conduite qui, ainsi que nous l'avons expliqué, était diamétralement opposée à celle de ses collègues et devenait un blâme incessant pour ces derniers, avait animé les esprits contre l'ami du docteur Fuller.

Depuis longtemps, chacun cherchait avec ardeur une occasion de nuire à sir Georges, dans l'intention de le faire casser par le transport-office, mais sir Georges, seul héritier restant d'une noble famille anglaise, n'était pas un de ces officiers qu'il est facile de perdre.

Pour arriver au but, il fallait des circonstances qui, jusqu'alors, ne s'étaient jamais présentées.

Cette fois, cependant, les fils de l'intrigue nouée par Weis avaient été attachés par une main si habile, que toutes les chances paraissaient être en faveur de la haine contre l'honneur, de la partialité contre la justice, de la bassesse de cœur contre la grandeur d'âme.

Après avoir expliqué ses griefs contre sir Georges au président, qui ne demandait pas mieux que de s'armer de quelques preuves pour sévir contre le commandant du Protée, Weis avait sollicité et obtenu une réunion des membres principaux de l'agence.

Puis, tandis que le président donnait l'ordre à l'un de ses officiers d'aller chercher sir Georges et de le ramener séance tenante au sein du conseil, le docteur avait commencé par donner à ses collègues un aperçu de l'accusation qu'il allait développer.

Sa parole mielleuse, ses insinuations perfides amenaient des sourires d'espoir sur toutes les physionomies.

Le petit docteur s'animait peu à peu en parlant et finissait par entrer en plein dans le sujet :

« Vous verrez, messieurs, vous verrez, disait-il, je me trompe rarement d'ordinaire, mais, cette fois, je suis certain de ne pas me tromper du tout. Le commandant du Protée va dès les premiers mots vous offrir sa démission !

— Pourquoi ? demanda l'un des assistants.

— Pour ne pas avoir à répondre, pardieu !

— Croyez-vous donc que sir Georges soit coupable, et qu'il ait protégé la fuite des prisonniers ?

— Je ne dis pas précisément cela ; mais cependant il est singulier, vous en conviendrez, que sir Georges se soit si fort et si subitement intéressé à cette femme, à cette Française que j'ai trouvée évanouie à sa porte. D'abord, pourquoi allait-elle chez lui ? Comment expliquerez-vous cette concordance bizarre entre l'arrivée à Portsmouth de cette femme, et la fuite des Français qui a lieu précisément à la même heure, et pourquoi cette femme allait-elle demander asile à sir Georges ? car évidemment, la maison de sir Georges se trouvant isolée, cette femme ne pourrait pas alléguer qu'elle se trompait de demeure. Enfin, pourquoi sir Georges s'est-il opposé à ce que je ramène cette créature à Portsmouth? pourquoi l'a-t-il fait arracher malgré moi de ma propre voiture? N'est-ce pas parce qu'il pensait avec raison que je ferais parler la Française, que je la conduirais devant vous, et que nous arriverions probablement par elle à la connaissance de la vérité? Il lui importe donc de la cacher, cette vérité? Quelle autre raison à donner, je vous le demande encore? Enfin, si le commandant du Protée n'est pas complice direct de la fuite des rascals, au moins a-t-il l'air de protéger cette fuite, vous en conviendrez.

— C'est vrai, murmura-t-on.

— Et, reprit Weis avec plus de force, comment expliquera-t-on son refus de faire afficher sur son ponton la nouvelle ordonnance du conseil de régence?

— Mais a-t-il réellement refusé? fit observer une voix.

— Sinon en paroles, au moins en fait, puisque, à l'heure qu'il est, les prisonniers du Protée ignorent cette nouvelle mesure. Je le sais bien; je viens d'envoyer faire la visite à bord.

— Et pourquoi n'avez-vous pas fait votre

visite vous-même, docteur? demanda le voisin de droite du médecin.

— Parce que... parce que... balbutia Weis, j'avais beaucoup à faire ce matin et que j'ai dû envoyer un de mes subordonnés...

— Dites donc, monsieur Weis, interrompit une voix ferme, que c'est parce que je vous ai défendu de mettre les pieds à mon bord! »

Et sir Georges, qui venait d'entrer, s'avança vers la table.

FIN DU PREMIER VOLUME.

Sceaux. — Impr. de E. Dépée.

TABLE

Des chapitres du premier volume.

Fin de la table.

Imprimerie de E. Dépée, à Sceaux.

www.ingramcontent.com/pod-product-compliance
Lightning Source LLC
LaVergne TN
LVHW020617110826
845149LV00002B/500

* 9 7 8 2 0 1 2 1 5 2 0 4 5 *